「那覇の市場で古本屋」それから

すこし広くなった

宇田智子

ボーダーインク

すこし広くなった

あれから

那覇の市場中央通りで「市場の古本屋ウララ」という店を始めてから十三年半、『那覇の市場で古本屋　ひょっこり始めた〈ウララ〉の日々』を出版してから十一年たった。

本を出したあと、まわりでいくつもの変化があった。隣の漬物屋さんと洋服屋さんの閉店。向かいの那覇市第一牧志《まきし》公設市場の建替。市場中央通り第1アーケードの撤去。首里城の火災。新型コロナウイルスの流行。個人的には店をすこしだけ広げて、定休日を増やして、本を二冊出して、引越して出産して引越した。

この本には、二〇一六年から二〇二四年に書いた文章が入っている。本にまとめるために読みなおすと、「今月」とか「去年」とか時制を表す言葉がやたらに出てきて、注釈をつけるのが大変だった。でも、それを省いたら文章が成立しない。そのときに書いたということに、なによりも意味があるから。

場所を表す言葉もまた多い。店が入居している水上店舗。向かいの牧志公設市場。水上店舗と公設市場に挟まれた市場中央通り。むつみ橋通りや平和通りなどの、まわりの商店街。「市場」は牧志公設市場を指すこともあれば、周辺の商店街全体を指すこともある。沖縄の言葉「マチグヮー」（町小）も、「市場」と同じように使う。これでは「市場」がどこを指すのかはっきりしない。でも、会話に出てくる「市場」がときには牧志公設市場の建物で、ときにはどこかの店であっても、話している相手にはたぶん通じている。

この界隈では店から路上に商品がはみ出し、頭上のアーケードが通りと通りをつないでいる。どこからどこまでが店で、公設市場で、ひとつの通りなのか、ぱっと見ただけではわからない。だからこそ、「市場」「マチグヮー」といった、なんでも表せる言葉が使われるのではないだろうか。境界があいまいに溶けている感じが、那覇の市場らしさであると思う。

初めて那覇の市場に来たとき、目をひかれたのは商品でも店構えでもなく、店番している人たちだった。テレビを見ていたりただ座っていたり、その静かな姿は風景の一部のようだった。にぎやかな市場に黙って座りつづける人生があるのかと不思議だった。

ひょんなことから二〇一一年十一月に那覇の市場で古本屋を始めて、私も市場に座るようになった。向かいの店も両隣の店も、私が生まれるまえからここで開け閉めをくり返している。この先も、私がいなくなったあとも那覇の市場は続いていくように思って、安心しきっていた。なのに、二〇一五年に公設市場の建替が決まったあと、瞬く間に風景が変わっていった。

何十年も続いた店が閉まり、古い建物が取り壊されてホテルやコインパーキングになり、居酒屋が急に増えた。

こんなに変わるなんて思ってもみなかった。ただし歴史をふり返れば、那覇の市場はこれまでもずっと変わりつづけてきた。牧志公設市場ははじめから公設だったわけではないし、建物は一九七二年にも建てなおされている。ガーブ川を暗渠にして、上に鉄筋コンクリートの水上店舗を建てたのもすごい変化だ。それぞれの店がつけていた日よけは通りを覆うアーケードになり、道は舗装された。店に目を向ければ、店や店主が入れ替わったり、隣に広がったりしている。同じ店でも、商品や陳列は日々変わっている。

戦後の闇市から始まったマチグヮーの歴史は八十年ほど。先祖代々ここで商売をしてきたという人はいなくて、あとを継いだ人もまだ二代めか三代めくらいだ。一代めの人たちも、親戚などを頼って本島北部や離島、県外から来た人が多い。どこからどう見ても那覇の市場の人なのに、話していたら「大阪で化粧品の会社に勤めていた」とか「出身は三重で、結婚相手が沖縄の人だった」とか言われてびっくりしたことが何度もある。

なにかの縁でたまたまここに来て、それから毎日、何十年も店を開け閉めしてきた人たち。はじめはよそ者だったとしても、いまは那覇の市場の顔になっている。この人たちがいなければ、店はもちろん、公設市場も水上店舗もアーケードも生まれなかった。先に建物があって商人が集まったのではなく、戦後、なにもない湿地で商売が始まり、それを続けるために市場やアーケードが必要になったのだから。

町や市場をかたちづくるのは道と建物ではなくて、人の動きだ。ひとりひとりが動きつづけたことで、市場はここまで続いてきた。それを帳場から見ているつもりだった私は、自分もここで動き、動かしていくひとりであることを、ようやく自覚するようになった。

これから始まるのは狭くて小さな場所の話だけれど、あなたの暮らす町やそこにある店を思いながら読んでもらえたらうれしい。しばらくのあいだ、店の帳場に座ったつもりで耳を傾けてみてください。

「市場の古本屋ウララ」店主　宇田智子

III

それでもつづく市場の日々

IV

オフ・ビート・ウララ　二〇二二年十月〜二〇二四年一月

カバー写真＝垂見健吾
カバーデザイン＝アイデアにんべん

市場の古本屋ウララ　周辺地図

※2024年4月現在。カッコに入っているのは閉店した店です

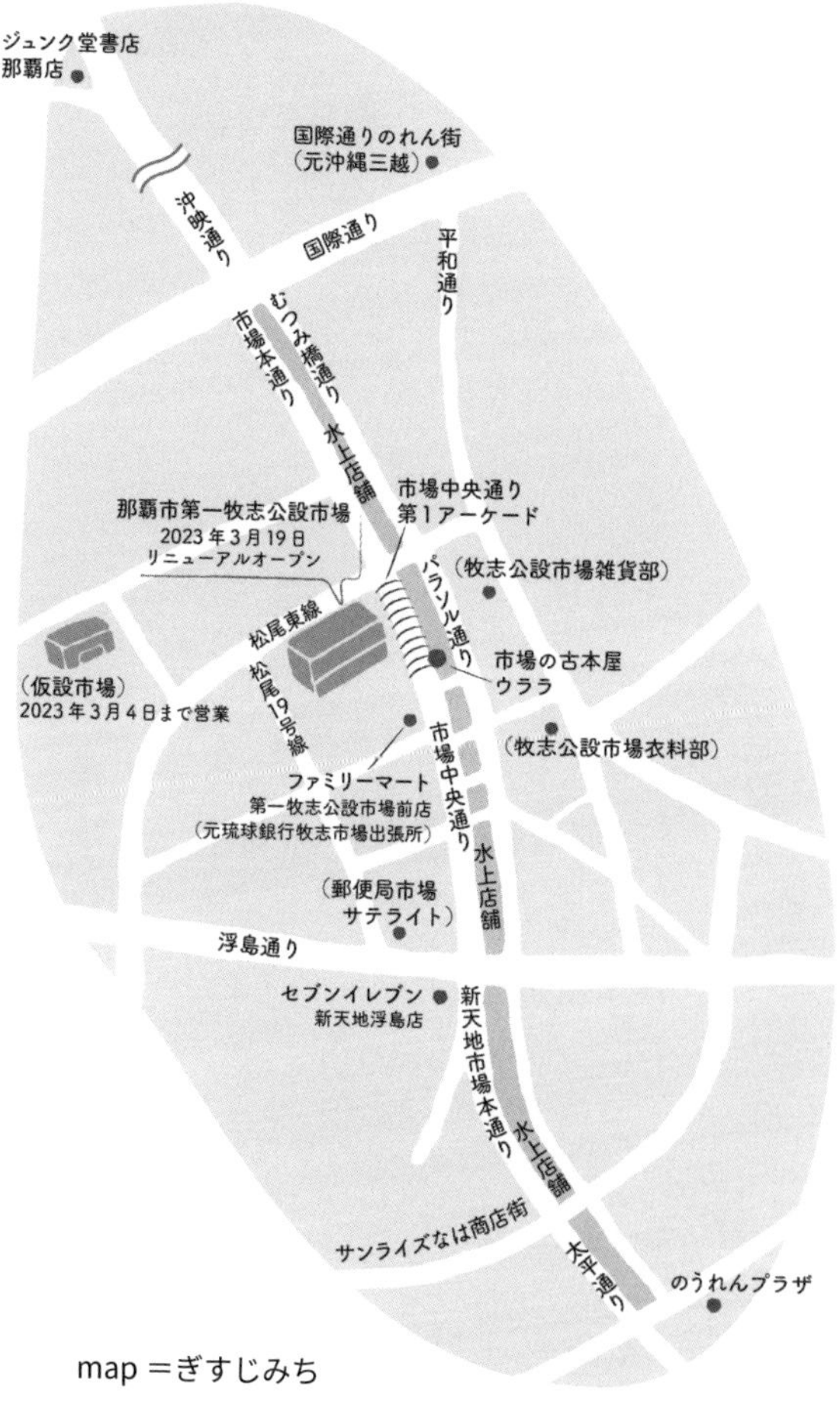

map＝ぎすじみち

市場の古本屋
ウララ
浦崎漬物店

I　屋上から市場を眺める

モモとミミコ

正午。しばらく棚を見ていたふたり連れに声をかけられる。

「手芸の本なんかないわよね」

「はい、沖縄の本がほとんどで」

「おれは『技・米・寿司』って本を探してるんだけど、ないよねえ」

寿司の本もないですね、と答えようとして気がつく。ちがう、『字《あざ》米須誌』と言ったんだ。

「糸満の図書館にはあったけど、ああいうのはなかなか出回らないでしょう」

「そうですね」

あとで調べたら『米須字誌』だった。米須《こめす》は糸満市の南部、旧摩文仁《まぶに》村の地名。

一時。売れた本の表紙の題字を『うばぐるま』と読みかけて、『かざぐるま』と読みなおす。くずし字がいまだに読めない。

『かざぐるま』は、明治の那覇に生まれた新嘉喜貴美さんの自伝のようなエッセイだ。夫は書店の店主だった。昔の那覇の風俗が書かれていておもしろいよ、と古書組合の市で先輩業者にすすめられて買ったものの、一見なんの本かわからなくて売りにくいと思っていた。でも、お客さんはきちんと見つけてくれた。

二時。ドイツから来たという人と話す。子どものころ日本からドイツに家族で移り住んで、二十五年。ひさしぶりに日本に戻ってあちこちに滞在しながら、この先なにをするか考えているという。移動式図書館をやりたい、でも現実的にはブックカフェかな。場所はドイツのつもりだけど、日本もいい。

楽しそうに未来を考えている人に会うと、こちらもワクワクしてくる。買ってくれた本を渡そうとしたら、

「欲しい本ばかりだけど、ドイツに持っていってしまっていいのでしょうか」

とまじめに聞かれた。沖縄の小さな本屋から地球のあちこちに本が旅立っていくなんて、こんなにうれしいことはないと伝える。これから壺屋やちむん通りにやきものを見にいくというので、本はお預かりした。

五時。美容師の福田隆俊さんが来る。福田さんは毎月、茨城から那覇にやってきて、泊港からフェリーで渡名喜島に渡り、月に十日間、美容室を開いている。たまたま旅行で行った渡名喜島に美容室がないことを知ったのがきっかけだったという。写真家の福岡耕造さんが、その

様子を『写真集　島の美容室』（ボーダーインク）にまとめている。

渡名喜島には美容室だけでなく、本屋も図書館もない。『島の美容室』のイベントで福田さんにお会いしたときにそう聞いて、「島の美容室」に本を卸すことになった。福田さんが渡名喜島に行くまえに店に寄ってもらい、本を渡す。「島の古本屋」も、もうすぐ一年になる。

今月は子どもたちのために絵本が欲しいと言われていた。あれもこれもと大きな袋いっぱいに選んで、重くなってしまった。大丈夫です、と袋を抱えていく背中を見送る（二日後、「初日に五冊売れました」と連絡が来てほっとした）。

六時。ドイツからのお客さんがまた見える。やきもので両手がふさがっている。

「本もあるし、宅配便で送ることにします」

「じゃあ箱をもらってきましょうか」

向かいの鰹節屋さんに段ボール箱をもらって、渡した。荷物をまとめて気が大きくなったのか、また店内を眺めている。

「あ、『モモ』の読書会があるんですね」

壁のポスターを見つけたらしい。ミヒャエル・エンデの『モモ』を読む会が、近くのカフェで開かれる。

「『モモ』は大好きです。でも、この日はもう沖縄にはいません」

話しながら、『桃の花が咲いていた』（山之口貘、童話屋）を手にとっている。

「山之口貘さんって、沖縄の詩人なんですね。読んだことはないけれど」

「ああ、貘さんはモモみたいな人ですよ」

思ってもいなかったことが口から出てきて、自分で驚いた。だいたいいつも考えていることしか言えないのに。お客さんは少しきょとんとしつつ、この本も買ってくれた。

七時。閉店時間になっても棚を見ている人がいるので、ぼんやりモモと貘について考える。人の話を聞くのがじょうずで、時間どろぼうから町の人の時間を取り戻したモモ。お金もうけや効率のよさには無縁で、ひとつの詩を何百回も書きなおした山之口貘。もしかすると貘はモモより、モモの友だちの道路掃除夫ベッポかもしれない。

〈道路の掃除をベッポはゆっくりと、でも着実にやりました。ひとあしすすんではひと呼吸し、ひと呼吸ついては、ほうきでひと掃きします。ひとあし――ひと呼吸――ひと掃き〉（『モモ』大島かおり訳、岩波少年文庫）

貘の娘である山之口泉さんは、こんなふうに書いている。

〈頭脳不明晰の父は厳めしく机の前に坐り、身辺に殺気をまつわらせながら、一字一字しぼり出すように、考えあぐねつつ、原稿用紙を埋めてゆく。一枚の最後の行まで字が並ぶのは、一体何年先になるのだろうかと疑問に思う程の速度で、行きつ戻りつ、ゆっくりとペンを運ぶの

である〉（『父・山之口貘』思潮社）
そうか、モモは泉さんだ。ミミコと呼ばれ、貘を理解して支えたひとり娘。
モモとミミコに励まされて、ベッポのほうきと貘のペンがゆるやかな弧を描きながら、路上を、紙の上を少しずつ進んでいく。ふたりのダンスに見とれているうちに、店にはだれもいなくなっていた。

市場を歩く

健康診断に行く。特に問題ないけれど、もう少し歩けるといいですねと言われる。自分でもつねづね感じていることだ。

東京の新刊書店で働いていたときはずっと店内を駆けまわっていた。一日一万歩は歩いていただろう。通勤のために大きなターミナル駅で乗り換えて、人をかき分けて進むのにも体力がいった。

沖縄で古本屋になってからは、ほぼ座ったまま。店から家まで数分で歩けて、休みの日は車に乗ってしまう。運転ができなかったころはどこにだって歩いていったのに。

タモリが町を歩くテレビ番組『ブラタモリ』で、首里と那覇が二週にわたって特集された。タモリが首里城に来たらしい、市場にも、と撮影のときからうわさになっていた。特に那覇編にはまわりの商店街の人も協力したと聞いて、楽しみにしていた。

那覇編のお題は、「那覇は2つある!?」。那覇の中心地が、戦前の「オールド那覇」から現在の「ニュー那覇」に移った話だった。

かつて港町として栄えた海沿いの町は沖縄戦で破壊され、戦後は米軍に接収されて立ち入れなくなった。人々はやきものの町である壺屋に移り住み、ゼロから生活を始めた。近くに闇市が立ち、やがて公設市場ができた。大雨のたびに氾濫するガーブ川は蓋をされて暗渠になり、その上に水上店舗が建った。私の店は、この水上店舗に入っている。

これまで何度となく聞いてきた話なのに、観ていたらなんだか泣きそうになった。いまここに建物があるのは、土地を奪われた人たちが川のまわりで商売をしようと奮闘したからだ。通りの傾斜や段差は、高低差のある岸にあわせて川を覆ったために生まれた。台車で通るといつも転びそうになる坂に、先人の苦労が織りこまれている。

同じ市場中央通りにある傘屋の洲鎌《すがま》さんも登場した。バラックの時代から六十年この場所で商売をしてきたと話している。ふだんは商店街の役員会でお茶をすすめてくれたり、イベントの様子を見にきてくれたりする親切な洲鎌さんは、那覇の復興を担ったひとりでもある。このあたりの人たちはみんなそうなのだ。

タモリが最後に感想を話していた。

「ニュー那覇は人間くさいですね。人間くさい営みの雰囲気がいまだに残ってますよね、グッチョングッチョンの」

どぎつい擬態語が、しっくりくる。店主は一筋縄ではいかない人たちばかり、店構えもつぎはぎで、いざこざは絶えないけれど、みんなが毎日店を開けて今日までやってきた。

『ブラタモリ』放映後、まわりの人たちは録画をくりかえし観たり、自分でも歩いたり、関連書を読んだり、熱が冷めないようす。

そのひとりである新城和博さんは、那覇の出版社ボーダーインクの編集者で、もの書きでもある。二〇一五年に自社から出した『ぼくの〈那覇まち〉放浪記』は古い地図を見ながら町を歩いては昔の那覇を妄想するという、まさに『ブラタモリ』な内容だ。

「映らなかったけどタモリさんはあのへんも歩いたはず」

と、また妄想している。

新城さんが編集した『那覇まちま〜いの本』は、『ブラタモリ』放映の翌週、那覇の新刊書店の売上ランキング一位に輝いたらしい。「那覇まちま〜い」は那覇を歩くツアーを主催する団体で、この本はツアーのガイドさんたちが書いた。

ちなみに『ブラタモリ』那覇編で案内役をつとめた古塚達朗さんは、一九九二年に『ぶらりスージグヮー』（沖縄出版）という本を共著で出している。「スージグヮー」は、路地のこと。

こんなふうに那覇のまち歩きの本はたくさんあるけれど、私は本を見てもうまく歩けない。方向音痴だからだ。すぐに東西南北を見失い、地図で現在地を指さすこともできないようでは、昔を想像するどころではない。頭のなかの知識と目のまえの風景が結びつかないまま、ただやみくもに歩きまわるだけだ。

このごろは店を閉めたあとに市場のまわりをうろうろしている。まち歩きではなく、運動のために。

牧志公設市場の精肉部に行くと、いつか本を売りに来てくれた人と目があった。肉屋さんだったのか。豚肉を百グラムくださいと言うと、

「えっ、百グラムってこれっぽっちよ」

と目をまるくされる。予算の都合で、といいわけしたら、かわいそうに思ったのか一枚おまけしてくれた。

平和通りの八百屋さんでは、よく店に寄ってくれるお客さんに会った。

「あらお疲れさま。ここ安くていいわよね」

玉ねぎをひとつ買った。六十円だった。

想像力もなく小銭を使うだけの散歩でも、市場は楽しい。

空港へ

美栄橋駅からゆいレールに乗った。昼すぎの車内はすいていて、足もとにスーツケースがまばらに並んでいる。

二両のモノレールは那覇の空中をうねって進む。デパートリウボウ直結の県庁前駅、バスターミナルを改装工事中の（二〇一八年に完成）旭橋駅、公園沿いの壺川駅と奥武山公園駅、イオン直結の小禄駅。最後の赤嶺駅をすぎると建物がまばらになり、自衛隊基地が広がって、人の暮らしが遠ざかる。次は終点、那覇空港駅。

国際線ターミナルビルの三階に上がってコーヒーを飲んだ。カウンターだけのカフェで、背の高い椅子の後ろには大きな吹き抜けがあり、座っていても落ち着かない。それでも空港に来るたびここに寄る。地に足のつかないそわそわした感じが、飛行機に乗るまえの気分にあっている。店の名前は「トランジットカフェ」。コーヒーをさっと飲んで旅立つための場所だ。

立ち上がると店員さんがトレイを片づけに来た。

「ありがとうございました。お気をつけて行ってらっしゃいませ」

笑顔に見送られる。毎日ここで働くのはどんな気持ちだろう。日常とは違うテンションの人ばかり相手にして、疲れないだろうか。

二階に下りて宮脇書店に入る。沖縄の出版社が出した沖縄県産本が並び、沖縄関連の文庫のコーナーもある。沖縄本への入口のようなお店だ。

店を始めたとき、この空港の宮脇書店の市場版をやりたかった。マチグヮーから空港まではゆいレールで三十分ほどなので、帰りの飛行機に乗るまえにおみやげを買いにくる人たちがたくさん歩いていて、私の店にも寄ってくれる。

「飛行機で読みます」と沖縄雑学のエッセイを手にとる人。「さっき荷物は送っちゃったんだけど、手荷物にするか」と沖縄の写真集を買う人。自分の町に帰っていく人たちに、「お気をつけて」と声をかける。「またお待ちしています」。

ときに、嫉妬ともつかないものがわきあがる。いいな、帰る場所があって。旅行なんてできて。心が弱っているときは特にひがみっぽくなる。通りを歩く観光客を見ているだけで滅入ってくる日もあった。みんな楽しそうにどんどん通りすぎていって、私だけここに取り残されるような。

でも、こちらだってずっと同じまま座っているわけではない。毎日違うお客さんに会って、本を売ってまた新しい本を並べて、店も私も少しずつ変わっている。

市場のまわりも、少しずつ店や人が入れ替わっていく。公設市場の建替案もようやくまとまって、予定では二年後（二〇一九年）に工事が始まる。市場が一時移転してしまうことに不安はあるものの、ここに残ってとことん見届けてやろうと決めたら少し楽しくなってきた。

吹き抜けを見上げると、四階の展望デッキで飛行機の写真を撮っている人がいる。私もエスカレーターを上る。ベンチと望遠鏡が置かれ、「アジアゲートウェイをめざす那覇空港」と書かれたパネルが展示されている。地図によると、那覇から東京まで一六八七キロ、鹿児島まで七五八キロ、台北まで六五五キロ。数字を見ても実感するのは難しい。自分で泳いでいくなら大違いだけれど、飛行機に乗ってしまえばどこに行くのも変わりがない。

ここ数年で東アジアからの観光客が急に増えて、格安の直行便も飛びはじめた。公設市場の二階の食堂に人があふれ、ドラッグストアがどんどん建つ。そんなにぎわいも古本屋には関係ないと思っていた。本には言葉の壁がある。でも、ボーダーインクから出した『那覇の市場で古本屋』が韓国と台湾で翻訳されると、それを読んだ人が来てくれるようになった。県外では入手しにくかった本が、一足飛びに海外で買えるようになるなんて。琉球王国と東アジアの交流の歴史に思いをはせるのは大げさだろうか。

レストラン街ではスーツを着た人たちがビールを飲んでいる。そういえば「空港はさびしいから、着いたらビールを飲んでやりすごす」と話していた人がいた。「いろんな別れを思いだすから」と。

私は空港ではむしろ、すっかりひとりになってすがすがしい気分でいる。どこでも好きな搭乗口から飛びたって、スーツケースと自分だけで新しい生活を始められるような。

三階に下り、団体客をよけながら搭乗カウンターのまえを通る。アナウンスが流れた。

「現在、インフルエンザなどの感染症が流行しております。どうぞマスク等をご着用のうえ……」

冬はこんなところに来るべきではないと反省する。用もないのに。もう帰ろう。

飛行機のチケットもなく、誰かを迎えるでも見送るでもなく空港に来たのは初めてだ。このところなんとなく気持ちがよどんでいたので、ふだんと違う景色が見たかった。

帰りのゆいレールでは運転席のうしろに座った。正面の大きな窓いっぱいに空が広がる。自衛隊の那覇基地の丘をこえて海をこえて、赤嶺駅。ほんの二時間の小旅行はおしまい。次は、飛びたい。

目と口と耳

『すばる』二〇一七年三月号を読んだ。特集は「声と文学」。特集の扉にはこうある。《《よき耳》をもった十二人の詩人・作家・翻訳者・ジャーナリストが語り、表現する「私が聞いた声」》。

〈よき耳〉〈私が聞いた声〉というのに、はっとした。〈よき声〉〈私が話す声〉ではないのだと。文芸誌は売れないのに文学賞への応募者は増えていることが、ときにカラオケにたとえられる。人の歌は聞かずに自分だけ歌うから。この特集に登場する人たちは、その対極に立っている。

市井の人々の声を記録するスヴェトラーナ・アレクシエーヴィチについて、沼野充義は〈作曲家ではなく、指揮者に近い〉と書き、小野正嗣は〈むしろ「小さな人たち」の声が響き渡る「場」そのもの、それが言い過ぎなら、そうした「場」、いわば「コンサートホール」の設計者〉だという。金子奈美が〈翻訳は伴奏に似ている〉といえば、関口涼子は〈音楽アレンジメントにも似ている〉と応じる。

だれかの歌を聞いて、ほかの人にも聞かせたいと思った作家や翻訳者は、よりよく聞こえるように場をととのえたり、構成を考えたりする。自分が上手に歌うことより、まずは相手の歌をきちんと聞きとることが肝心だ。

私は古本屋を始めたころ、座っているだけでいろいろな人が話しかけてくれるのがおもしろくて、よくメモをとった。へんな言葉、よく意味のわからない言葉、自分では絶対に思いつかない言葉を書きとめておきたかった。

このごろあまりメモをとらなくなったのは、私がこの場所に慣れてしまい、人の話の新鮮味が薄れたせいだと思っていた。それもひとつの理由だけれど、なにより、おもしろい話をそのまま書けないのがいやになったのだと『すばる』を読んでわかった。

店にある沖縄の本を見て、自分の思い出を語ってくれるお客さんがいる。市場の人もなにかの拍子に昔のことを教えてくれる。相手の口から飛びだすエピソードを、まえに別の人から聞いた話や本で読んだ歴史に結びつけられれば文脈が見える。でも、最後までなにを話しているのかわからないこともある。せっかく熱心に話しているのに「いつのことですか?」「なんの話ですか?」と水をさすのも気がひけて、できない（わからないまま聞きつづけるほうが失礼だろうか）。

話しぶりを書き起こすのも難しい。島言葉でなくとも沖縄には独特の語尾やイントネーションがあって、そこが魅力なのに、文字にならない。

結局メモを読みかえしても、聞いたときのおもしろさは伝わってこない。へんな言葉、よく意味のわからない言葉、自分では絶対に思いつかない言葉なんて、そもそも聞きとることもできないのだと痛感する。他人の声を本当に聞いて書き残せたら、それはノーベル文学賞ものの仕事になる。

スヴェトラーナ・アレクシエーヴィチの次の年にノーベル文学賞を受賞したのは、自作の詩を歌うボブ・ディランだった。世界中の人がカバーしたりカラオケで歌ったりして、彼の書いた詩を声に出している。

あるとき、知人がカラオケで「はっぴいえんど」の歌を歌っていた。ふだんは耳で聞くだけの詩を大きな画面で読んで、びっくりした。〈黝《くろ》い〉〈味爽《あさあけ》〉〈碇泊《ていはく》〉、松本隆はなんて難しい漢字を使うのだろう。これをたくさんの人が読んで声に出しているなんて嘘みたいだ。

作詞家ってすごいと心から思った。自分の紡いだ言葉で、人の目だけでなく口や耳まで動かすことができる。

声を文字で記録する人、文字から声を生みだす人がいれば、文字から声を聞きとる人もいる。

正木香子さんの『文字の食卓』（本の雑誌社）は、小説や絵本、マンガや広告の文章を書体ごと引用し、その書体のイメージや思い出をつづった、ほかに類を見ない本だ。

茨木のり子の『見えない配達夫』（童話屋）からの引用がある。〈石井中明朝ニュースタイル〉で組まれた詩集で、ふだん厳しい印象を受けがちな茨木の詩が、この書体で読むと違ったふうにとらえられたという。

〈ああそうか、彼女は、こんなにかわいらしい声をしたひとだったのだ、と。どうしてだろう。声なんて、きこえるはずはないのに。どれも同じ言葉のはずなのに。〉

ここを読んだら気持ちが一気にほどけた。茨木さんと正木さんが文字で通じあう親密な空間に触れたようだった。

台車やスーツケースの車輪が鳴り、あちこちの島や国の言葉が飛びかう市場は、コンサートホールのようだと思う。ここで聞いた小さな声を書きとめたいという思いはいまも変わらない。まずはちゃんと聞きとれるように、えんぴつを置いて、耳をすます。

くせ字

本屋の仕事は、人前で字を書くことが多い。領収書を書いたり書誌情報をメモして渡したり、ＰＯＰをつけたり。いつも急いで書くせいか、ただでさえ下手な字が年々汚くなっていく。きれいに書こうと力んでも、思うように手が動かない。

自分の字が嫌いだから、人の字にあこがれる。学生のころはサークルの部誌によく見入っていた。内容より文字を見ていた。特に同級生のひとりの文字が好きで、切りぬいて持ち帰りたいほどだった。実行する勇気は出なかった。

ある日、本屋で『美しい日本のくせ字』（井原奈津子、パイインターナショナル）を見つけて、本当に実行した人がいるんだと驚いた。〈10代の終わりくらいから、書類の字、雑誌に載った有名人の字などを、ファイルに入れたりして取っておくようになりました〉という著者の集めてきた「くせ字」が、ぎっしり詰まっている。

タレントがテレビ番組で書いた字、路上で拾った看護師の字、幼いころ宝物だったカードに書かれていた字、通っていた予備校の講師の字。見つけた時期も場所もまちまちで、著者が長いあいだ「くせ字」を気にしてきたことがわかる。

友だちもこんな字を書いていたなと思いださせる字も、どうしてこうなったのか想像もできない字もある。かたちはまったく違うのに、どれも日本語の文字だとわかるのが不思議だ。中には読めないものもあるけれど。

〈少女のバイブル『りぼん』の字〉は懐かしかった。子どものころに読んだマンガの手書き文字は、絵と同じくらいよく覚えている。セリフやモノローグは活字でも、コマの隅っこや欄外のコラムの字はマンガ家の直筆のままで、登場人物や作者の声がじかに聞こえてくるようだった。

マンガの手書き文字といえば、佐藤ジュンコさんの『月刊佐藤純子』(ちくま文庫)は、目次も、本編のマンガの字も、〈本書をコピー、スキャニング等の方法により無許諾で複製することは……〉という警告まですべて手書きだ。〈ちくま文庫史上、最も手描きな文庫かもしれません〉と、「ちくま文庫」のSNSに書かれていた。

ジュンコさんは仙台の書店に勤めながらフリーペーパーの「押し配り」を始めて、そこからイラストの仕事をするようになり、いまは専業のイラストレーターとして活躍している。のびのびとやわらかい絵はもちろん、字も好きだ。ジュンコさんの書く字は線に強弱があって、はずんでいる。「ねえねえ、聞いて」と服のすそをつかんで話しかけてくれる感じ。書店で働いていたときも、この字でほかのスタッフやお客さんを和ませてきたのだろうと思う。

私はジュンコさんと同じ時期に、同じ書店チェーンの別の支店に勤めていた。会ったことはなかったけれど、書店のPR誌に連載されているマンガが楽しみで、ニコニコ丸顔のジュンコさんを思いうかべていた。

『月刊佐藤純子』には、東日本大震災の直後にノートに描かれた「ゆらゆら日記」が収録されている。ときに線が乱れ、文字をぐしゃぐしゃと消したり紙の途中で描くのをやめたりしながら、四月五日まで続いている。ジュンコさんの勤めていた書店が営業を再開したのは、四月四日だった。

三月十九日、コマとコマのあいだに『更科日記』の一節が書き写されている。

〈得て帰る心地のうれしさぞ、いみじきや。はしるはしる、わづかに見つつ、心も得ず心もとなく思ふ源氏を……〉

寛仁四（一〇二〇）年、十三歳の少女が叔母さんから源氏物語をもらって、大よろこびで家に帰る有名な場面だ。ジュンコさんは『文車日記』（田辺聖子、新潮文庫）から写したようだ。

〈昼は日ぐらし、夜は目のさめたる限り、火を近くともして、これを見るよりほかのことなければ〉

ずっと読みたかった本をついに自分だけのものにして、わき目もふらずに読みふける。〈后の位も何にかはせむ〉というほどのうれしさが伝わってくる。

ニュースやSNSで飛びかう言葉とは違う、ゆったりとした雅な言葉。この先どうなるのか、いつ本屋が再開できるのかもわからない日々のなか、ジュンコさんは千年前の日記に共感して、自分も少女のように本を楽しみたいと願ったのかもしれない。また、叔母さんのように人に本を届けたいとも。この引用についてジュンコさんは触れていないから、つい勝手に想像してしまう。

実は私も『文車日記』を読んで、この部分を書き写したことがある。声に出し、手で写したくなる魅力的な文章だ。少女が書いた日記は、この千年で何万回、何億回と書き写されてきたのではないか。古いのも最近のも、いろいろな人の字で書かれた『くせ字更科日記』があったら楽しそうだ。

ウンメイ

梅雨があけて夏が始まった。クーラーのない店内で、扇風機が生ぬるい風を送ってくる。観光客たちがアイスクリームをなめながら通りすぎる。立ちどまる人には道ばかり聞かれる。やっとお客さんが入ってきてくれたと思ったら、「サウナみたいだね」と言い残して出ていった。

閉店まぎわに現れた人に、「エクスキューズミー」と声をかけられた。見せられたスマートフォンには「ふくろうの楽園」のサイトが表示されている。

「向かいにありますが、今日は休みです」

と言おうとして英語にならず、立ちあがり外に出て、「楽園」のまえまで連れていった。ほんの五歩だ。ガラスの扉が閉まっているのを見たらやっと「クローズ」という単語が口から出て、相手も納得してくれた。台湾から来た家族連れのようだ。

翌朝、開店前から外で待ってくれているお客さんがいた。目があうと「あなたの本を読みました」と日本語で言い、台湾で翻訳された『那覇の市場で古本屋』を掲げてみせた。そのとき、この本を買いました」

「十日前にも店に来たのですが、あなたではなく別の人が店番していました。そのとき、この本を買いました」

今度は英語で話しながらかばんから出したのは、黒須みゆきさんの『ふくろうデイズ』（角川マガジンズ）。愛らしいフクロウたちの写真集で、私も個人的に持っている。

「それで、あなたに聞きたかったのです。そこにフクロウの店がありますね」

うなずく。「ふくろうの楽園」は、去年（二〇一六年）琉球銀行の二階にできた、フクロウと触れあえる小さなテーマパークだ。

「あなたはフクロウが好きですね」

うなずく。特別な理由もなく、気がついたら好きになっていた。店内にはこれまで集めたフクロウの置物や文鎮を飾り、看板にも描いてもらった。本にもそう書いたので、知ってくれているのだろう。

「こうして目のまえにフクロウの店がオープンしたのは、ええと、あなたが呼んだ、それとも、ええと……」

ぎょっとした。私が「ふくろうの楽園」を誘致したのかと聞いているのだ。

去年の夏、あそこはフクロウの店になるらしいとうわさを聞いたときは信じられなかった。

「引き寄せの法則です」などとまわりに自慢したけれど、もちろんまったくの偶然だ。偶然。偶然って、英語でなんて言うんだっけ。アクシデント？　相手も同じ単語が思いだせないのか、二人して「ええと……」と固まってしまった。

「ウンメイ？」

相手の口から出てきたのは、日本語の思いがけない単語だった。「イエス、運命」と思わず乗ってしまい、あとで恥ずかしくなった。

台湾をはじめとした東アジアからの観光客は、今年も変わらず多い。最近は欧米の人も増えた。

先月はアメリカの人がフクロウのブローチを手にとり、「ベリーキュート！」と叫んで買ってくれた（刺繍をする知人がつくったブローチ。本当にかわいい）。

先週は台湾から来た人がフクロウを象ったしおりをくれた。台湾原住民のブヌン族の手になるもので、フクロウは子どもを守り豊かさをもたらすのだと教えてくれた。

おとといは韓国の人が泡盛の本を買っていき、背中を見送っていたらリュックがフクロウの柄なのに気づいた。追いかけて「いいですね」と伝えたくなったけれど、やめた。

世界中に棲息し、数々の神話や伝説に登場し、知恵の神や福を呼ぶ鳥と呼ばれて、お守りや置物になっているフクロウ。愛でる気持ちは言葉をこえて通じあう。

海外からの観光客がどんなに増えても、自分の店にできることはないと思っていた。並んでいるのは日本語の本ばかりで、私はほかの言語は話せない。私の本を読んだ人が台湾や韓国から来て話しかけてくれても、応えきれなくて申し訳なくなる。

そんなとき、何度かフクロウに救われた。店内や看板のフクロウが話の糸口になり、会話ができなくても「フクロウ、いいですよね」となんとなく微笑みあえる。

お客さんの来ない、ただ暑いだけの日にも救われる。向かいの建物の窓の向こうには十数羽のフクロウがいる。みんな遠いところから連れてこられて、私と同じアーケードの下で過ごすようになった。それを手放しでよろこぶ気にはなれないものの、出会えた幸せは否定できない。クーラーのきいた部屋で目を閉じている姿を思いうかべると、気分も暑さも少しだけなごむ。

福本和夫の『フクロウ』(法政大学出版局)を読んでいたら、フクロウはラテン語で「ulura」(ウルラ)だと書かれていた。私の店の名前「ウララ」にそっくりだ。これもまた偶然だけれど、やっぱり運命かもしれない。そんなふうに思わせてくれるから、ますます好きになってしまうのだった。

鰹節を削る

私の店の向かいには鰹節屋さんが二軒並んでいる。玉城《たまき》さんと大城《おおしろ》さん。あいだに壁もなく、つながった台に同じように商品を並べているので、上の看板を見なければ店が二軒あるとはわからない。お客さんとしょっちゅう「これお願いします」「うちのじゃない、隣だよ」「え、違うお店だったんですか⁉」というやりとりをしている。

むきだしのまま積みあげられた二軒の鰹節は、私には見分けがつかない。常連のお客さんたちも、品物の違い以上に店主とのつきあいで店を決めているのではないか。

私はどちらのひいきでもない。鰹節はスーパーでパックのを買ったことしかないのだ。二軒とも電動の削り機を備えているから、削ってもらえばパックと同じように使えるはずだけれど、上級者向けという気がして手が出せない。

新潮社のPR誌『波』で、阿川佐和子さんが「やっぱり残るは食欲」というエッセイを連載している。二〇一八年一月号は「鰹節弁当」について書かれていた。

お弁当箱にご飯を薄く敷き、その上に醤油で和えた鰹節を広げて海苔をかぶせ、さらにご飯、鰹節、海苔を重ねるのが鰹節弁当だ。これが父・阿川弘之の好物で、よく母につくらせていたという。海外に出かけるときも欲しがって、機内食が出るのにと言われても「飛行機の中で食うかつお節弁当は、また格別に旨いんだ」と言いはった。

同じ団地に住んでいた作詞家の阪田寛夫が佐和子さんに鰹節弁当のつくりかたをたずねて、それが歌になったこともあるらしい。

やがて父が入院すると、佐和子さんが鰹節弁当をつくって病院に持っていくようになった。パックの鰹節を使うとすぐにばれるので、日本橋に高価な鰹節を買いにいき、削り器で削ったそうだ。

これを読んで、やっぱりパックじゃだめかと反省した。庄野潤三の『佐渡』（学習研究社）を思いだした。

ラジオ番組で「生活の味」というお題を与えられた庄野は、こんな話をする。小学生のころは毎日、鰹節と海苔の弁当を持っていった。兄弟が多かったので、朝は玄関に弁当の包みが五つくらい並んだ。この弁当をつくるには鰹節をたくさん削らなくてはいけないので、母は大変だったはずだ、と。

この放送を聞いた人から届いた手紙をきっかけに、庄野は佐渡へ行くことになった。行きの列車で大きな海苔巻を三つ食べる。妻が持たせてくれたものだろう。中に鰹節が入っていて、それが店で売っている削り節でなく、削り器でこの弁当のために削ったものだと〈三個目の半分まで口に入れてしまってから〉気づく。〈おいしいわけだ〉。

阿川弘之と庄野潤三はともに「第三の新人」と呼ばれた作家で、親しくつきあっていた。また、阪田寛夫は庄野潤三と同じ学校を出て同じ会社で働き、やがて文筆の道に入った。彼も第三の新人と呼ばれることがある。

第三の新人は、その前の世代（「戦後派」と呼ばれた）に比べると小説の世界が狭い、日常的すぎるなどと批判されていたらしい。でも、私はその小さくも味のある世界が好きだ。みんな鰹節弁当を好んで食べていたのを知ると、なおさら親しみを感じる。

ついでに、ゆで卵の話もさせてほしい。庄野潤三の『明夫と良二』（講談社文芸文庫）に、運動会の場面がある。昼休み、良二たちの隣にいる太った女の人が次々にゆで卵を食べて、「こんな時は、ひとりで三つでも食べるわね」「卵の三つは、お素麺の一把にもならないわねえ」と話す。

私は卵は一日一つしか食べないものだと思っていたので、ちょっと驚いた。もちろんオムレツなんかを食べれば二つ、三つくらい入っているかもしれないけれど、ゆで卵のようにかたちがはっきりしたものをあえて二つ以上食べることはない。

すごいなと思っていたら、もっと上がいた。やはり第三の新人と呼ばれた安岡章太郎の小説『幕が下りてから』（講談社文芸文庫）で、父が息子をたよって上京してくる。椅子に腰をおろした父はカバンから〈大小四個ばかりのウデ卵〉を取り出し、「茶をくれんかね」と声をかける。息子の妻は「あら、お父様、朝御飯はまだでしたの」とあわててオムレツをつくる。すでにゆで卵が四つあるのは見えなかったのだろうか。フライパンでオムレツが焼かれているあいだに、父はゆで卵を食べたようだ。

きわめつけ、これも安岡章太郎の『花祭』（新潮文庫）で、〈ウデ玉子は弘前から東京へ引越したとき汽車の中で弁当のかわりに十七個食べた記憶がある〉という文を読んだときは、ため息しか出なかった。この食欲はなんだろう。この世代の人にとって、卵はあればあるだけ食べたい、特別なものだったのだろうか。安岡章太郎は一九二〇年生まれ。

そういえば、近くの店の人から袋いっぱいのゆで卵をもらったことがある。このあたりで働いているのは第三の新人より少し下の世代の人が多い。彼らが書いたような食生活が、ここではまだ生きている。

ゆで卵十七個は無理でも、削り器で削った鰹節弁当は受け継ぎたい。鰹節を買わなくちゃ。

屋上から青空

小さな店をひとりでやっていると、店が自分と一体化してくる。棚が手足で壁が皮膚で、傷がついたら痛い。外にいても店の名前で呼ばれたりして、やどかりみたいにくっつけている。初めて人に店番を頼んで店を外から見たときは、妙な感じがした。私でない人が帳場に座っている。自分がのっとられたような、もうひとつの世界に来たような、ＳＦ的な気分になった。

新聞の取材を受けたとき、記者と話をしていてふと目を上げると、向かいの第一牧志公設市場の二階の開いた窓からカメラマンがこちらを覗いていた。あれ、いつのまにあっちに行ったんだろう。あの窓、開けられるんだ。ぼんやり考えながら話を続けるうち、カメラマンが戻ってきた。「いい画《え》が撮れましたよ」とにこにこしている。

「あそこ、食堂ですよね。入れたんですか」

「ちょうど今日は休みでだれもいなかったんです。すごくいい感じでしたよ」

そう言ってデジカメのディスプレイを見せてくれる。なんと動画を撮られていた。小さな画面に私の店が映っている。まえを人がどんどん通りすぎ、奥に座っている私はほとんど見えない。ときどき棚のうしろから頭が出て、お客さんと話したり本の会計をしたりして、また隠れる。舞台を観ているようだ。

もう一度見上げた公設市場の二階の窓は、いつものように閉まっている。内側から紙が貼られていて中は見えない。隣の窓の向こうは厨房で、よく火が上がっているから、あそこも厨房かと思いこんでいた。

何日かあとに行ってみると、食堂は営業していた。あの窓の下は座敷席になっていて、お客さんが沖縄そばを食べている。窓はメニュー表や「沖縄元祖タコライス」などと書かれた手書きの貼紙で覆われている。あの窓を開ければ自分の店が見下ろせるなんて、考えたこともなかった。その後もちょくちょく覗いているけれど、食堂はいつも開いていて、あの席にはお客さんが座っている。いつか私もあそこに座って窓を開けて、店を見下ろしてみたい。

私の店は「水上店舗」という細長い建物に入っている。ガーブ川という川を暗渠にした上に建っているから「水上」と呼ばれる。ふだん水の気配はまったく感じない。

建物の片面は市場中央通りに、もう片面はパラソル通りに面している。両面に間口も奥行きも狭い店がひしめきあい、路上まで商品を広げている。

水上店舗の三階に新しく事務所と店が入ると聞いたときは一瞬とまどった。そうか、三階があったんだっけ。水上店舗と向かいの公設市場の二階部分をつなぐようにアーケードがかかっていて、通りから見上げても三階は見えないから、存在を忘れていた。

三階の事務所開きではビールがふるまわれた。トイレに立ったら、屋上に続く階段が目に入った。

七年も水上店舗にいるのに、屋上に出るのは初めてだ。ふだんは立入禁止になっている。金網があちこち破れていて、建物の幅は大人がふたり並んで腕を広げたくらいしかない。見下ろすとアーケードがうねうねと続き、そこに張りつくように公設市場やアパートが立ち、すきまに瓦屋根の民家が並ぶ。

沖縄戦のあと、行き場をなくした人たちが川のまわりに集まってきた。食事に使ううつわをつくることから始めて、ものを調達してきては売り買いし、近くに住んだ。いまもこのアーケードの下にはなんでもある。肉屋に八百屋、食堂に居酒屋、洋服屋もアパートもゲストハウスもあって、衣食住がまかなえる。

アーケードの下にいれば安心という気もするし、下に降りたら最後、とも思う。このごろは通り会の世代交代や公設市場の建替に関わる問題があれこれ起こっている。先代の人たちはもっと苦しいことも面倒なこともどうにかしてきたのだろうけれど、当時の無理がいまになって祟っていたりもする。

屋上から青空を眺めていると、そんなすったもんだは幻みたいだ。雲の上はいつも晴れというフレーズのように、屋上に上がればだれもいなくて、争いもない。学校の授業を屋上でさぼるのはこんな気分なのかな。教室にいるクラスメイトや先生の上に立てたような優越感。

私の頭のなかで巨大な城のようにふくれあがっていた水上店舗と周辺の商店街は、上から見ると小さかった。拍子抜けしつつ、狭いからこそ厄介ごとも起こるんだとしみじみした。

バスと台風

今年（二〇一八年）も台風が来た。最初に来たのは六月中旬で、いつもより早かった。

沖縄の人は台風に慣れている。台風が発生するとすぐに進路と中心気圧を確認し、外を片づけて食料を買いこむ。イベントの中止も早めに発表する。その潔さには毎回驚かされ、楽しみにしていた客の側としては「もしかしたらそれるかもしれないのに」と思いたくもなるものの、判断が遅れるとよけいに損害が大きくなるのだろう。全国ニュースではほとんど報道されないところで、黙々と天災に対応し続けている。

私はひとりで店をやっているので、開けるか閉めるかは自分で決める。その見極めが難しく、台風が近づくたび、まわりの店の人に「明日、お店開けますか」と尋ねてしまう。

「うーん、朝になってみないとわからんさ」

「雨がひどくなければねえ」

夕方になって風が強まると、あいまいに答えていた人もさっさと閉めて帰っていき、気がついたら通りに私だけ残っていたこともあった。暴風警報が出ても大して荒れなかったときは、翌日「なんで休んだの？　みんな開けてたのに」と言われた。

よそはなにを基準にしているのかを調べると、会社はだいたい「公共交通機関が止まったら休み」で、学校は「暴風警報が出たら休み」らしい。沖縄の公共交通はバスかゆいレールで、ゆいレールは那覇のごく一部しか走っていないせいか、バスが基準になることが多い。バスは暴風警報が出るより先に運休したり、警報が解除になるまえに運行を始めたりする。このズレが会社員泣かせのようだ。

先日、台風七号が接近したとき、沖縄本島には暴風警報が七月一日の夕方から二日の昼前まで発令された。バスは一日十九時の出発便のあと運休し、二日は朝八時から運行した。このバス会社の発表に対して、ＳＮＳでは「会社が休みになるように二日は午前運休にして欲しかった」「暴風のなか出勤しろと言うのか。危険を考えろ」「子どもは学校が休みなのに、どうしたらいいの」というような返信がついていてびっくりした。それは自分の勤務先に言うべきことじゃないか。

でも、言えなかったなあと思う。会社に勤めていたころ「台風だから会社は休みにするべきだ」とか「大雨なので休みます」なんてとても言えなかった。特に東京で働いていたときはそうだった。台風や大雪の予報が出るといつもより早く家を出て、帰れるのかと心配しながら仕事をした。駅の大混雑にまぎれながら、「どうしてみんなこんな日も会社に行くんだろう」とひとごとのように眺めていた。

本当は、会社が通常営業だろうがバスが走っていようが、出勤するか休むかは自分で決めることだ。もちろんなにがあっても休めない職種もあるけれど、バスが止まれば休みになるような会社なら、自己判断で休んでもいいのでは。私はそういう決断をさぼってきたので、ひとりになってから途方にくれるはめになった。

災害のときは会社よりも身の安全を優先するのが、そして自分の行動は自分で決めるのがあたりまえになればいい。バスを恨んでいても始まらない。

運ばれる本

本やCDを安く送れるゆうメールの規定が今年（二〇一八年）の九月一日に変わって、厚さ三センチ以上、重さ一キロ以上の荷物は規格外となり送れなくなった。かわりに定形外郵便などを使うと、送料はこれまでの倍以上になる。春にはゆうパックが値上げされ、那覇の市場の事業者向けにあった特別料金プランは廃止された。これでは本の代金よりも送料のほうが高くなりかねない。

私が古本屋を始めてからの七年間、運送各社の配送料は上がりつづけている。通販にはそれほど力を入れていないとはいえ、つらい。特に沖縄は送料がほかの地域より高いので打撃が大きい。でも、怒る気にはなれない。配送の仕事の大変さは、働いている人たちを見ればわかる。制度が崩壊してしまうまえに、必要な分は値上げして欲しい。

ほかの古本屋や、直取引をしている出版社から本を送ってもらったとき、梱包や配送の方法をつい観察してしまう。厚さが三センチ以内におさまるよう数冊ずつ小分けにしてあったり、梱包材を再利用していたりと、さまざまな工夫がこらされている。

　本屋は出版流通の川下にあると言われる。私は東京の新刊書店で働いていたときは、流通業に携わっている自覚はまったくなかった。ほとんどの出版社は東京にあり、新刊ができたら間をおかずに取次業者のトラックで店に届けられる。急ぎの注文品を出版社の人が直接持ってきてくれることもある。そんな距離感だと、出版社から店までの道のりを想像するひまもない。目のまえに到着したものをどう並べて売るか、そればかり考えていた。

　本は物体であり動かすのは簡単ではないと実感したのは、沖縄の店に異動してからだった。沖縄の書店行きの本は、東京から船で運ばれる。コンテナの荷物が那覇港で仕分けされ、沖縄本島の分はトラックに、宮古島と石垣島の分はさらにフェリーに載せられていく。入荷は発売日より四日以上遅れ、台風などで海が荒れればさらに遅れる。途中でフェリーが座礁して、琉球大学の赤本がまるまるだめになってしまったこともあった。こうなると、いまごろ海の上かな、無事に着くかなと常に天気予報を見ながら気をもんでしまう。

　やがてひとりで古本屋を始めたら、ほとんどの本は自分で店に運ぶことになった。お客さんの家の本を三階から階段で下ろしたり、駐車場まで台車で往復したり。自動車や台車、箱やひもを自分で用意して、動線をつくる。なんでも運んでもらえて設備も整っていた新刊書店がどんなに恵まれていたか、やっと気づいた。そして、かわりに運んでくれる配送業者の頼もしさも身にしみた。東京から沖縄まで、自力でダンボール一箱を運ぼうとしたら、お金も体力もどれだけ必要か。

沖縄は一九四五年から七二年までアメリカの占領下にあり、県外の出版社から本を「輸入」していた。週刊誌が何週間も遅れて届く。送料やレートの関係で定価より高く、返品もできない。そんな時代を知っているからか、いまでも沖縄の新刊書店は売れる分だけを仕入れるので返品が少ないという話を聞いたことがある。

取次や書店の人たちは、沖縄への本の入荷を少しでも早める方法を模索してきた。しかし船から飛行機に切り替えるのはお金がかかりすぎるし、書店が減って本の売上が下がりつづけているなか、いまから事態が改善されることは考えにくい。むしろ沖縄だけ本の値段が高くなって入荷もさらに遅くなるのでは、と最悪の想像をしてしまう。

こんなときこそ電子書籍の出番か、とも思う。どこで買っても同じ値段で、瞬時に手に入る。

でも、できるだけ「もの」を買いたい。これには古本屋としての思惑もある。電子書籍は、いらなくなっても転売できない。一度買った電子書籍を再び流通にのせることはできないのだ。著者や出版社にとってはそのほうがよくても、古本屋にはおもしろみがない。

古本屋がだれかの蔵書を買い取ると、流通から切り離されていた本がまた流通にのる。だれかが古本を買うと、本は流通から外れる。お客さんから本を買うのは流通の始まりで、お客さんに本を売るのが流通の終わり。そう考えると、古本屋の仕事は流通業そのものだ。

県外の人からの買取で、美術館の図録やほかの地方の郷土史など、沖縄ではこれまで流通していなかったであろう本が入ってくることがある。この本は沖縄初上陸かも、生態系を変えてしまったなと思いつつ、そっと店に並べる。「どうしてここにこの本が？」とお客さんが驚く声を聞けたら楽しい。

どうやって送ると安いか、ギリギリ三センチでいけるか、梱包資材はどうするか。数十円単位でいつも頭を悩ませていて、けちくさい自分が情けなくなるけれど、そんなことを考えるのもまたおもしろい。さまざまな制約があるなかで沖縄の本を県外へ送りだし、沖縄になかった本を店に並べて、本の生態系をわずかでも動かしていく。それは古本屋ならではの遊びなのだ。

ボート遊び

ある冬、東京の井の頭公園に行った。二月の最初の日曜日で、春になったら私は沖縄に移り住むことが決まっていた。一緒に行ったのは二十歳くらい年上の仕事関係の人で、ときどき食事したり沖縄音楽のライブに行ったりしていた。

園内を歩きまわり、やがて日がかげってきたころ、ボートに乗ろうと誘われた。井の頭公園でボートに乗ったカップルは別れるというジンクスが頭をよぎり、カップルじゃないから問題ないか、と乗ることにした。そのあと吉祥寺の地下で沖縄料理を食べた。

東京からもこの人からもまもなく離れると思いながら過ごしたのと、私の誕生日でもあったので、どこかせつない一日として心に残っている。ただし、ここに書いたことが記憶のすべてだ。どこで待ちあわせたか、なにを話したか、自分や相手がどんな服を着ていたか、ひとつも思いだせない。

なんとか思いだせないだろうか、といま急にあせっている。梯久美子さんの『原民喜　死と愛と孤独の肖像』（岩波新書）を読んだから。『夏の花』などの小説や詩で知られる原民喜の評伝である。

原は日露戦争後の広島に生まれ、東京の大学に進み、結婚し、妻を亡くし、広島に疎開して被爆し、四十五歳のときに西荻窪駅と吉祥寺駅のあいだの線路上に身を横たえて自殺した。その生涯が、作家やまわりの人の言葉をなぞりながら丁寧に描きだされている。

晩年、原は二十三歳年下の祖田祐子と出会い、遠藤周作と三人で親しくつきあうようになる。自死する前年の春には三人で多摩川に行き、ボートに乗った。原は「ぼくはね、ヒバリです」「ヒバリになっていつか空に行きます」と急につぶやいた。死後発見された祐子あての遺書は、「とうとう僕は雲雀になって消えて行きます」と書きだされていた。

梯久美子さんは、八十九歳になった祐子さんに会いにいく。遺書にあった「雲雀」についてたずねると、「ボート遊びのときに、雲雀になると原さんがおっしゃったことはよく覚えています」という答えが返ってきた。

ここを読んで、まずいと思った。祐子さんは七十年近く前にボートで聞いたひとことを覚えているのに、私は十年前の言葉をみんな忘れてしまった。もし私が「雲雀」のようなメッセージを受けとっても、意味がわからずぽかんとすることになる。

まえに東京に行ったとき、お世話になった出版社の人たちとほぼ十年ぶりに会った。こちらは十年ぶりでもみなさんは毎月のように顔を合わせているから、変わらず親密な様子だった。

「新潟に行ったとき、新幹線が止まって」

「首里城の近くの食堂でさ」

共通の思い出でわっと盛りあがるのを聞いていたら、だんだん不安になってきた。私もそこにいたはずなのに覚えていない。三十歳、四十歳上のみなさんは鮮明に覚えているようなのに。

帰ってから折々にこのことを考えていて、ふと気がついた。この十年間、みなさんはきっと同じ話を何度もしてきたのだろう。顔をあわせるたびに「あのときはこうだった」と言いあうことで、記憶が補強される。たとえだんだん事実とは違ってきたとしても、みなで共有している思い出こそが真実だ。

ある沖縄の離島で、島の人たちの飲み会にまぜてもらったことがある。県外からその島に通っている人も来ていて、

「いつも同じメンバーがここに集まって、ずっと同じ話をしながら飲んでるんだよ」

と耳うちされた。子どものころから知っているもの同士で毎晩飲んでいたら、新しい話題はそうないだろう。何度も同じ話をして、同じくだりで笑ったり泣いたりしているのだろう。それがいずれ子どもたちの耳にも入って、島で語りつがれていくのかもしれない。

口下手でも新しい情報がなくても、同じ話をくり返していられる関係がうらやましい。時間が培ってくれるものなのだろうか。私はふらふら暮らしてきたので、長い時間を近くでずっと過ごしている人はいない。だからこそ、自分もかかわる思い出を覚えていてくれる人がいたら心強いし、何度も同じ話をして記憶を分かちあいたい。

多摩川でボート遊びをしたあと遠藤周作はフランスに留学し、翌年に原が自死した。その後、祐子さんと遠藤は、原の命日に友人たちが集まる「花幻忌」で何度か顔をあわせただけだったという。おそらく、ふたりがボートやヒバリの思い出をあらためて語りあう機会はなかったのではないだろうか。

原の言葉をひとりで大切に抱えつづけてきた祐子さんの誠実さを思う。胸にしまわれてきた記憶を聞きだし、書きのこした梯さんの仕事の重さを思う。

かわいい

ひさしぶりの休日。ショッピングセンターで事務用品を買ったあと、ふと隣のサンリオショップに入り、棚にあったキキララのポーチに目を奪われた。光沢のある紫の生地に、星を背負ったキキとステッキを抱えたララがたたずんでいる。かわいい。キキララってこんなにかわいかったっけ。

ほかのキキララも見たくなって探してみた。お弁当箱、コップ、タオル、バッグ。圧倒的な勢力を誇るキティのあいだから、ときどき静かに瞬いて私に手を振るキキララ。かわいい。いまはリトルツインスターズと呼ばれているようだ。この名前もかわいい。

キキとララのやさしい顔が、背景のピンク色が、散りばめられたラメが、忙しさでささくれた心にしみる。こんなとき、まっとうな大人なら洋服や化粧品にときめくのかもしれない。でも私はすぐに「自分には似合わない」と思ってしまう。サンリオならもはや似合わなくてあたりまえだから、逆に安心してかわいさに集中できる。

しばらく迷って、買うのはやめた。生活に取り入れてもなおかわいいと思いつづけられるのか心配になった。使っている自分が不気味に思えてくるかもしれない。

思いついて同じフロアの本屋に入る。本のかたちをしたキキララなら、部屋にあってもいいのでは。レジの横のラックにサンリオのぬりえやシールブックがある。値段も手ごろだ。いや、本ならほかにもっと欲しいものが、もっとときめくものがあるかもしれない。店内を歩いてみた。

文芸書コーナーで足が止まった。平台に桃色の本が積まれている。表紙にはウサギの絵。金井美恵子さんが文を書き、金井久美子さんが絵を描いた『たのしい暮しの断片』（平凡社）だった。

見ているだけで目がとろけそうな、甘い桃色のカバー。持ちあげて手にのせると、A5判のハードカバーの本の重みがてのひらにぺったりとのしかかってきて心地よい。中には見開きのカラーページがぜいたくに挟まれていて、明るい色の花と動物の絵や、刺しゅうやコラージュが目に飛びこんでくる。この本を読んでもたらされるたのしい時間と、本を部屋に置いて眺める生活を想像してレジに向かった。

帰り道、桃色の本に出会ったのは二度めだと気がついた。

新刊書店に勤めていたころ、ある出版社のウェブマガジンに、本屋にまつわるエッセイを連載することになった。それまで連載なんてしたことはなかったし、なにを書いたらいいかわからなくて、しばらくほったらかしていた。

東北に出張して新規開店の準備をしていたある日、新刊の段ボール箱を開けたら、ヤーコプ・ブルクハルトの『イタリア・ルネサンスの文化』（筑摩書房）が出てきた。難しそうな歴史の専門書なのにすっと手がのび、無性に欲しくなったのは、カバーが美しい桃色だったから。まだお客さんのいない店内でひたすら本を並べつづける日々の疲れが、桃色のおかげで少し和らいだ。この立派でかわいい本を、殺風景なホテルの部屋に飾れたら。『たのしい暮しの断片』と同じA5判ハードカバーで、厚さは倍くらいあった。

そんな話を「桃色の本」というタイトルで書いて、連載を始めた。何年かあとに担当の人が教えてくれたところによると、連載第一回を読んだ別の出版社の人が「あんなくだらないことを書かせてどうするんだ」と言ってきたらしい。ふだんは打たれ弱い私も、このときばかりは言い返したくなった。

内容も知らないのに手もとに置きたくなるような見ためや手触りの本ってありますよね。それがまず書店員の目にとまって、売場で大切に並べられることでお客さんにも見つかって、たくさんの人の手に届くんです。そういうことを「くだらない」と切り捨てる人が出版社にいるから、本が売れないいんじゃないですか。まあ別に私はそんな主張をしたかったわけじゃなくて、書きたいように書いただけなんですけど。

知らない相手に向かって脳内で言葉をぶつけながら、これからもくだらないことを書きつづけようと決めた。本屋の心あたたまるエピソードでも業界の裏話でもなく、売場で毎日たくさんの本を手にするなかで感じたことだけを書こう。私に書けるのはそれしかないから。

家に帰って、あのときとは別の「桃色の本」のページをめくる。さまざまな趣向がこらされた絵は、いくら見ても見あきないし見たりない。そうか、私はこんなふうにすてきなものを眺めて頭を休めたかったんだ、と気づく。だからキキララにも惹かれたのか。

最後のほうに「桃色の中の猫」という絵があるのを見つけ、やっぱりこの色は桃色なのだとうれしくなった。「ピンクの本」では、なにか違う。

散らかった部屋に桃色の本を飾った。もうすぐ春が来る。

Ⅱ　なにがおこるかわからなかった

一世一代の

私の店の向かいにある那覇市第一牧志公設市場は、二〇一九年六月十六日にいまの建物での営業を終えて、七月一日から近くの仮設市場に移る。それから解体工事と新築工事が始まって、二〇二二年に新しい建物に戻ってくる。

老朽化した公設市場をいずれ建替か改修しなければいけないことは、私が店を始めた二〇一一年からわかっていた。ただ、どうせ実現しないだろうとたかをくくってもいた。百名以上の事業者と那覇市との話し合いはいつまでもまとまりそうになかったし、この古くてなつかしい雰囲気が観光客を惹きつけているのだから、この建物のままどうにかするのだろうと思っていた。だから、建替に対する準備も心がまえもできていなかった。

通りの目玉である公設市場が別の場所に移り、目のまえが工事現場になる三年間。公設市場にあやかって古本屋をやってきたので、もうここでは店を続けられないのではと思いつめ、ほかの物件も探してみた。それでもここに残ることにしたのは、引越しが面倒なのと、この際、一部始終を見届けたくなったから。周辺事業者としては大変なことが多くても、観察者のつもりで眺めていたら、おもしろいこともあるかもしれない。

しかし、のんきに構えていられない大問題がひとつある。アーケードのことだ。市場中央通りのアーケードは三つに分かれていて、どれも柱がない。第1アーケードの屋根の片方は公設市場の建物に、もう片方は私の入居している水上店舗の建物にじかに架かっている。公設市場を解体するには、まずアーケードを撤去しなければいけない。どうにか維持させてほしいと通り会で陳情したものの、那覇市には受け入れてもらえなかった。

通りの店はみな間口が狭いので、路上にも台を出して商品を並べている。日ざしが強く急な雨の多い沖縄では、アーケードがなければ路上に商品を出すことはできない。撤去するなら、新しいアーケードをつくらなければ商売が続けられない。

アーケードの建設には億単位のお金がかかるという。消防、警察、建築指導課、道路管理課など、関係機関との調整も大変だ。どんなアーケードにするか計画を立てて、お金の算段をして、設計して建設してもらって、できたあとは維持管理をして……みんな自分の店のことだけで精いっぱいなのに、そんな大事業ができるわけがない。かといって、アーケードが壊されるのをぼんやり眺めているわけにもいかない。

協議会を立ち上げ、役所や議会に働きかけ、地元のＮＰＯや大学の先生に相談するうちに、少しずつ流れができてきた。実現不可能と思われたものが、ぼんやりとかたちを現してきた。

昨日はアーケードの専門会社のカタログを手に入れた。全国の商店街のアーケードの写真が載っている。教会のように天蓋に絵の描かれたアーケード、鉄骨に埋めこまれた無数の照明が輝くアーケード、どれも立派だ。維持管理費が高いだろうな。この通りはチェーン店が多いから財力があるのかしら。あ、三和銀行。

ほとんどの写真は平成初期のものだ。最近はアーケードを新設する通りは少なく、国からの補助金は主に撤去のために使われているらしい。通りの店の数が減って、維持費が集められなくなれば、アーケードはお荷物でしかない。撤去したら通りが明るくなって活気が出たという話も聞いた。

絶対につくりたい、必要だと言いながら、つくっていいのだろうかと弱気になるときもある。できるだけ管理しやすいアーケードにするとしても、簡単に壊せない巨大建造物であることに変わりはない。

これまで私がつくったのは、本と本屋くらいだ。本は編集から装丁、印刷、販売まで多くの人を巻きこんだけれど、売れ残っても責任は出版社がとってくれる。本屋はひとりでやっているから、維持できなくなれば在庫を処分して閉店すればいい。

アーケードは数十年後にも残る。なんでこんなのつくっちゃったんだろうね、とまわりの店や地元の人、観光客に言われるかもしれない。責任は重い。

今日は事務所での役員会のあと、階段の下に何人か残って立ち話をした。会長が「さっき電話で役所の人がこう言ってたんだけど、どういう意味かな」「アーケードのことを考えると夜も眠れない」とクヨクヨしているのを、「じゃあ明日、私から本人に聞いてみます」「大丈夫だよ」とみなで懸命に励ます。まるで部活の帰り道の恋愛相談のように初々しい。無理もない、みんなにとって初めてのことだから。そして、それぞれがとても強い思いをもって取り組んでいるから。一世一代の大仕事なのだ。

パリと那覇

アーケードのことばかり考えるようになって、アーケードの本も何冊か読んだ。『世界のアーケード』（青幻舎）や『パリのパサージュ』（鹿島茂、平凡社コロナブックス）といった本を眺めていたら、パリに行きたくなった。

パリには行ったことがない。興味も持たないようにしていた。うっかりあこがれたところで自分のものにはならないのに、永遠の片想いを始めたくない。ただし本を読むうちに、十九世紀ごろまでは道が狭くて下水道も整備されておらず、思いきった大改造で現在のような姿になったと知って、はじめから輝いていたわけではなかったのかと少し親しみがわいた。

那覇は大改造ではなく戦争によって昔の姿を失った。古い那覇にあこがれ、痕跡を探して歩く人もいる。そして新しい那覇はいま、あちこちで改造を重ねている。

戦後にできた新しい那覇を象徴するのが牧志公設市場だろう。闇市から始まって移転や改築をくり返した公設市場は、戦後の歴史と政治と文化を体現するような場所だ。

私が公設市場の向かいで店を始めたのは、市場に興味があったからではない。たまたまそうなった。

毎日、公設市場の外小間（建物の外側にある店）を眺めながら店番し、二階のトイレを使う。かまぼこの中にごはんが入った「ばくだんおにぎり」を買い、お直し屋さんでシャツを繕ってもらう。いつも店番の途中で行くので、ほとんどの店は足早に通りすぎるだけ。それでも、だれかに市場のことを聞かれたら訳知り顔で答えてしまう。まるで自分の市場のように。

公設市場の建替が決まり、二〇一九年六月十六日にいまの建物での営業を終えることが発表されたときは、なにも言えなかった。ただ向かいに座っているだけの私に、なにが言えるだろう。

六月に入っても、市場の人たちはいつも通りに営業を続けている。本当にあと二週間でいなくなるのだろうか。終わりの日を知っているのに、私もいつも通りに過ごすことしかできない。悔いの残らないようにと思っても、なにをしたらいいのかわからない。

市場の営業が残り一週間を切ったころ、市場に関わりのある県外の人たちが続々と那覇にやってきた。二階の食堂街で「せんべろ」のイベントがあった日は、地元の人たちも集まった。いつもと違う風景を見るうちに、じわじわと実感がわいてくる。

そして、六月十六日。友人や知人が店に来てくれて、交代で店番しては市場を歩いた。混みあう食堂で昼ごはんを食べ、アイスを食べ、お茶を飲み、エイサーを見て、ラジオの取材を受けた。

行く先々で知っている顔を見つけた。新聞記者、研究者、出版社の人、NPOの人、市役所の職員、市会議員、近くから遠くから来た知人。にぎわいのなか、参院選に向けてチラシを配る候補者もいた。

かつて店をやっていたらしき人が店主たちに囲まれている。今日で店をやめる人は花束を抱えている。同窓会と卒業式を一度にやっているように、再会をよろこぶ声と別れを惜しむ声があちこちから聞こえる。市場はずっとこれだけの思いを受けとめてきた。ふだん顔を見せない人たちや、この世を去った人たちの思いが何層にも積み重なっている。

移転を知らせるポスターを見て、「え、六月十六日って今日じゃない？　今日で最後ってこと？」と声をあげる観光客もいた。偶然この日に立ち会った人も、これからは「前の公設市場、行ったことあるよ。それがたまたま最後の日で」と思い出を語るようになるかもしれない。市場がある限り、思いは生まれる。仮設市場に移っても、新しい建物で再開しても、ここに織りこまれた思いは消えないだろう。

四月にパリのノートルダム大聖堂が火事になったとき、ニュースで「教会は私たちの文明のシンボル」「われわれ自身の一部」といったコメントを聞いた。あんなきらびやかな建造物と自分を同一視するなんて、パリの人はすごい。でも、パリに住んだことのない人、行ったことのない人だって大聖堂に思い入れをもつことはありうるし、そんな人はみんな「私たち」と呼べるのかも、と考えた。

牧志公設市場も、那覇の人だけのものではない。どんな人の思いも事情も引きうけてくれる場が市場なのかもしれない。だから町のシンボルになる。そこを拝むようにして過ごした日々は恵まれていたと、いまシャッターが下りたままの市場を眺めて思う。

棚やタンス

公設市場の一時閉場を控えた六月はじめから、公設市場の二階に、沖縄タイムス社の所蔵する市場の写真が展示された。

一九七二年に建物ができた直後の写真を見ると、棚やショーケースに商品が整然と並べられ、まるでスーパーのよう。そこから四十七年かけて什器を増やしたり商品を通路まではみ出させたりして、独特の活気が生まれたのだ。昭和からの時間の積み重ねがあるからどこかなつかしく見え、人をひきつける。きっと市場の人たちは新しい建物も好きなように使いこなして令和の市場をつくっていくのだろうと思ったら、少しだけ気が楽になった。時間がかかるだろうし、いまの姿とは違っているだろうけれど。

お祭りのようににぎやかな六月十六日が終わった翌朝、通りはどんなに静まりかえっているだろうとおそるおそる店に行ったら、公設市場の人たちはみんな移転の作業のために来ていて、まだにぎやかだった。

私の店の向かいにある二軒の鰹節屋さんのうち、向かって左側のお店は昼すぎに夫婦で現れ、これまで鰹節を並べていた台に裸足で上がって看板をはずすと、バイクの荷台に段ボール箱をくくりつけては少しずつ運びだしていった。右側のお店はお子さんやお孫さんたちと一緒に店内を片づけて、ごみ袋をいくつもいっぱいにしている。

次の日も片づけが続いた。右の店からは棚やタンスがごろごろ出てきて、二畳ほどの小間にこんなに入っていたのかと驚いた。どちらのお店も一九七二年からここで商売をしてきたから、実家のように物がたまっていたのだ。大変だなあと眺めるうちに、一週間もすると左の店も右の店もからっぽになった。通りはずいぶん静かになった。

仮設市場は七月一日に開店する。きっと「前のほうがよかった」という声が上がるだろうけれど、言っても元には戻らないので、それより仮設市場で買いものをして店を支えてほしい。そうしたら三年後にはみんなもとの場所に戻ってきて、新しい公設市場をつくれるから。私もその様子を向かいから見られるように、どうにか踏みとどまっていたい。

市場ロス

向かいの牧志公設市場が閉まって一か月たった。いろいろなことがあったのに、ずっとぼんやりしていたような気がする。

公設市場閉場にかかわるイベントが終わり、県外から来た人たちも帰っていった。ひとり店先に座って、人の少ない通りを眺める。力が出ない。やる気が起こらない。市場ロスだろうか。七年間、毎日見ていた景色がシャッターに変わったのだから、さびしくてあたりまえだ。夏バテもあるかもしれない。梅雨が明けてから一気に暑くなった。クーラーのない店内にいると、汗と湿気で体がヨレヨレになる。

やるべきことはたくさんあるから、ぐったりしているひまはない。まもなく撤去されるアーケードへの対応。公設市場が新しい建物に戻ってくるまでのにぎわいづくり。なにより、自分の店に手をかけたい。

「市場の古本屋」を名乗りながら、このごろは「市場」に夢中になりすぎて、「古本屋」をすっかりおろそかにしていた。在庫の整理も本の手配も止まっている。おもしろい本屋であれば、向かいに市場がなくてもやっていけるはず。

さらにもうひとつ大事なことがある。今日のことを書いておきたい。公設市場にシャッターが下り、アーケードはまだあって、人がぽつぽつと通っている今日のことを。明日は今日と同じかもしれないけれど、来週はどうなっているかわからないから、いま書いたほうがいい。

このあと市場の内部から解体が始まり、アーケードが撤去され、工事用の仮囲いが通りを覆い、古い公設市場が壊され、壁の向こうで新しい市場の建物が建っていく。この三年間のことを記録したいと、市場が閉まるまえから考えていた。書いておかなければ、そんな時期があったことも忘れられてしまうだろう。できれば三年のあいだ、「いま市場はこうなっています。よかったら見にきてください」と伝えつづけたい。

日記をウェブで連載しようと思いつき、知り合いの編集者に話してみると、「明確なテーマやメッセージがないと読者がつかないから、企画書を書いてほしい」と言われた。テーマは那覇の市場だし、メッセージなんて書いてみないとわからないのに。あっさりあきらめた。

そもそも、現在進行形で記録して発表するのは無茶な気もする。この先なにがあるかわからない。アーケードの許可が下りない、通り会で揉めまくる、売上が落ちて店を閉める……つい悲観的な想像ばかりしてしまうけれど、思いがけない事態に陥って、途中で書けなくなることもありうる。

須賀敦子を思う。イタリアで出会った人の姿や町の風景を、何十年もたってから本にまとめた。イタリアに特に興味のなかった私も、本のなかで息をする人たちに惹かれ、登場する町や通りの名前をなつかしく感じた。急いで言葉にしなかったからこそ生まれた、静かで深い世界がある。

または、庄野潤三の文章。晩年の作品はまるで日記をそのまま載せているように見えるものの、実は発表までには時差があり、雑誌の連載のために数か月前の日記を見ながら原稿を書いたという。たとえ丸写しになったとしても、時間をおいて読みかえしながら書くことに意味があったのではないだろうか。

人に相談したら、日記ではなくまとまった文章を書いてみたらどうかと言われた。これまで私は、店でのお客さんとのやりとりなどを短い文章で書いてきた。日々をかけらに切りとるのが楽しかった。でも、場面や考えを根気強く連ねることでしか表せないこともある。

店を開けて閉めるのを何千日もくり返すうちに、店はいつか老舗と呼ばれる。小さな店が寄りあつまって、通りや市場ができる。一日一日、一軒一軒を積み重ねた時間と空間の層が、よそにはない価値を生みだす。そんなことが伝わる記録が書けたらいいのだけれど。

まずは日々のかけらを拾い集めておこうと、自分だけの日記を始めた。

当事者になる

夏の終わりから歯医者に通っている。何年もごまかしてきた歯を、とうとう手術することにした。

手術前に丁寧な説明がある。起こりうるトラブル、感染症のリスク。先にこちらの歯を治して口内環境を調えましょう。術後も定期的にメンテナンスに来てください、など。

聞きながら、アーケードの再整備を連想する。歯の治療は建築と同じだ。周辺を整備し、支柱を建てる。完成したあとも維持管理が必要になる。全体像がつかみにくいところもアーケードに似ている。外から見るのと中から見るのでは違うし、重なったり埋まったりして見えない部分もある。そのうえで、まわりの歯や店との関係を考えないといけない。

それでも歯のほうがずっと簡単だ。どんな治療法を選ぶか、私ひとりで決めることができる。治療の手順は歯医者さんが考えるから、こちらはなにも勉強しなくていい。アーケードの工事は事例が少なく、場所によって事情が違い、関係者も多すぎて、専門家に一任することはできない。

歯医者さんは何度も「わからないところはありませんか」と聞いてくれる。理解するのも面倒なので好きなようにやってほしい。それでも、手術の同意書にサインするときは身構えた。もしなにか起きたら、「説明したでしょう。納得して合意したんでしょう」と言われる。いまは私の味方として治療に取り組んでくれている相手が、敵になるかもしれない。そうしたら、医学の知識もないのに専門家と対峙しなければいけないのだ。

つい大げさに考えてしまうのもアーケードのせいだ。このごろ「当事者」という言葉が気になる。アーケードの再建に取り組む通り会の一員であり、アーケードができることで利益を得られ、建築費用も管理費用も出そうとしている私は、当事者と呼ばれている。通りで店をやっているだけならそう呼ばれなかった。アーケード再整備という問題が起きて初めて、当事者になった。

「当事者」には文字通りの「事に当たっている人」という意味だけでなく、専門知識もないのに矢面に立たされた人、というイメージがある。自力で勝利をつかみにいかなければ、安心して暮らすこともできない。

どんなに親身に助けてくれる人がいても、当事者になれるのは本人だけだ。支援者から「当事者」と呼ばれると、そこで線を引かれるような、肝心なところで「あとは当事者の判断で」

と突き放されるような感じがする。もちろん勝手に決められても困るのだけれど、孤独だなあと思う。

アーケード問題の当事者は私ひとりではない。それはとても心強いものの、ともすれば「素人ばかり集まってなにができるのか」と自分たちを卑下してしまう。建築も法律も理解できなくて、専門家に丸投げしたくなる。

苦労しながらも痛感するのは、言葉の力だ。ものごとを動かそうとするとき、絵や映像も力を持つけれど、言葉は絶対に欠かせない。議会に文書を提出することで議題にしてもらえる。ぴったりくる言いまわしが出てきて、話しあいが一気に進んだりする。

私は文学部出身で、そのことをどう活かせるのかずっとわからずにいた。文章なんてだれでも読めるし書けるし。市場で本を売っていても、生活必需品ではないと一歩下がりたくなる気持ちがある。でも、言葉ってやっぱりすごいとあらためて言いたくなった。というより、言葉に文学以外の使いみちもあることにいまさら気がついた。

なにげなく手にとった内澤旬子さんの『ストーカーとの七〇〇日戦争』（文藝春秋）と井戸まさえさんの『無戸籍の日本人』（集英社）は、どちらも当事者による戦いの記録だった。ちょっとした行き違いから、ある日突然、思いもよらない窮地に立たされる。

このふたりの著者には、みずから立ち向かう能力があった。内澤さんは、交際相手がストーカー化したと判断するとすぐに警察に相談し、自分で材料を揃えて刑事告訴に持ちこみ、ストーカー行為は精神の病なので加害者には治療が必要だと訴えるに至る。

井戸さんは、自分の子の戸籍が取得できないとわかると、国会の議員会館に要望に行く。助けてくれる弁護士もいないまま独学で法律を学び、裁判を起こす。戸籍を獲得したあとも、議員となって民法の改正や離婚届の内容の書き換えに取り組み、NPOの代表として無戸籍者の支援を続けている。

情報を集めて読み解き、判断する力。行政や政治家や専門家と交渉する力。本を書いて出版し、解決策を提示する力。そんな力が万人にあるわけではない。いまも同じ状況に苦しむ人がいて、この先も出てくると知っているから、ふたりは傷を抱えたまま立ちあがり、声をあげている。

内澤さんは事件が起きて間もないころから、書いて発表することを考えていた。また、ストーカーとの戦いにおいても、書くことがなによりも威力を発揮した。

〈こちとら文章に関しては、プロなのだ。（中略）私の文章力は、十万ポイントくらいにはなるはず。よく考えなくても、ペンは最大最強（凶？）の武器なのだ。〉

勇気が出る。私の文章力は何ポイントもないかもしれないけれど、それでもペンを握りしめて、事に当たるしかない。

本部町営市場

二〇一九年八月のなかばから十一月のはじめまで、牧志公設市場の外回りに商品を並べた。建替のため、市場は六月十七日からシャッターが下りたままになった。通りが一気にさびしくなって、向かいにある私たちの店の売上は激減した。那覇市にかけあい、市場のシャッターのまえを通り会で借りることになった。

毎朝、自分の店からキャスターつきの棚をガラガラと出して、向かいの市場のまえまで押していく。通りを横切りながら、これまで越えられなかった境界を越えているのだと思ってドキドキする。商品を置くだけで、人通りも売上も少し戻った。

友人知人に声をかけて、この場所で二回、古本市を開催した。私は向かいでふだん通りに店を開けつつ、途中で少し交替してもらって、市場の側に座ってみた。

自分の店が道の向こうにある。思ったよりも近くて大きい。これまでここに鰹節屋さんやお茶屋さんがいた。私が店を始めてから七年間、こうして見あって過ごしていた。

古本市には、本部《もとぶ》町営市場にあるコーヒー屋さんにも出てもらった。「自家焙煎珈琲みちくさ」を営む知念さん夫妻は、いつもおもしろいことをやって本部の市場を盛りあげている。牧志と本部で市場間交流をしたいと以前から話していたのが、ついに叶った。

終わったあと、知念さんに「本部市場でも古本市をやりたいんだけど、出てくれます？」と聞かれて、すぐに「出ます」と答えた。子どもが生まれてからイベント出店はあきらめてきたけれど、本部の市場には子どもがたくさんいそうだから、連れていっても大丈夫だろう。

本部町は沖縄本島北部にあり、那覇からは二時間弱かかる。知念さんの主催する「もとぶ手作り市」の日は朝七時に家を出て、高速を降りたあとはひたすら海沿いを走った。カツオ漁で知られる渡久地港の近くに小さな市場がある。壁のないピロティのようなスペースに、出店者たちが食品や雑貨を並べている。

「古本のコーナーはこっちです」

と知念さんが案内してくれたのは、ピロティに面した横長の区画だった。食料雑貨を扱っていた店が今年の春に閉めて、空き店舗になっているという。「たばこ」の看板が残っていて、横にあるシャッターは木造だった。

お隣は本部中学校の図書同好会のみなさん。司書さんと話したり、子どもをなだめたりしながら本を並べていると、いつのまにか市が始まっていた。

「あれ、出店されてるんですね」

顔を上げると、那覇の店に何度か来てくれた人がいた。

「こんにちは」

「今日は明るくていい感じですね、いつもは暗いから。あ、宇田さんじゃなくてお店の話ですよ」

そんなに暗く見えるのかとショックを受ける。確かに最近は、照明のやけに明るい店が増えて、私の店のある市場中央通りはひっそりして見える。

「風通しもいいし」

吹き抜けだから、秋の日ざしと風が気持ちいい。ただし雨や台風のときは大変だろう。

子どもの姿が見えないと思ったら、向かいの店にあがりこんで絵本を広げていた。みんながテーブルを使っているなかで、この店はゴザを敷いている。ゴザの上の木箱に本が入っていて、「本の値段はご自分で決めてください」というメモが貼ってある。大人はいない。お兄ちゃんは座って本を読んでいて、妹が「これは売らない本。あたしが読むから」とお客さんに説明している。

見わたせば、子どもたちが歩いたり座りこんだりしているのを、まわりの店の人やお客さんがうっすら見守っている感じだ。今日はイベントだから特別なのだろうけれど、牧志の市場ではこうはいかない。人が多いし道も入り組んでいるから、安心して子どもを野放しにすることはできない。

やがてゴザのお店のお母さんが戻ってきて、読み聞かせを始めた。私は自分の店に座り、聞きいる子どもを向かいから眺める。子どもを見ながら店もやれるなんてすばらしい。これなら、保育園に迎えにいくためにあわてて店を閉めたりしなくてすむ。まわりの店の人たちに「保育園なんて預けなくていいさ、みんなが見てくれるのに。私は床に段ボール敷いて寝かしてたよ」とさんざん言われたのは、こういう感じだったのか。

敷物で店をやるのもいい。椅子だと勝手に座るわけにいかないし、数が決まっている。ゴザなら、話しながらさりげなく座ったり、つめて場所をあけたりできる。

本部町営市場は昔、野菜や魚のとれた人が一日ひとコマいくらで借りていたと聞いた。きっとこんなふうにゴザに品物を並べて、子どもやお客さんを隣に座らせていたのではないか。壁のない広場のような市場には、だれでも気軽に出入りできたのだろう。

この市場も、建物の建替や店主の高齢化といった課題を抱えている。牧志よりも厳しい事情があるはずだ。それでも、市場のたのしさをめいっぱい感じさせてくれた。

本を売って子どもも遊ばせて、いい一日だった。毎日こんなふうに暮らしたい。

公設市場解体

　二〇一九年が終わりに近づくころ、地元紙の記者が、牧志公設市場の建物の解体が十二月二十日に始まると教えてくれた。これまでは外側の軒の撤去や内部の片づけをしていて、建物はそのままだった。まずは市場の建物の一角を崩し、車が入れるようにするという。

「見にきますか？」

と聞かれても、正直それほど興味はなかった。今回壊されるのは私の店の対角の方向だし。でも、見えないから興味ない、というのもどうなのか。

当日は朝から雨だった。九時すぎに市場に行くと、建物のまえにブルドーザーが待機していて、黒いスーツの人たちがカメラを構えている。マスコミしかいない。通りの人たちは淡々と開店の準備をしている。

　那覇市の職員が「ここからは防塵のため、カーテンを閉めます」と言うと、「壊すところも少し撮らせてよ」と声が飛ぶ。

「まわりのお店も営業していますし」

「動かすふりでもいいからさ」

しばらくやりあったあと、ブルドーザーのスコップが控えめに動きだし、カメラがいっせいにそちらを向いた。見ていたら、カメラがいつのまにか私を囲んでいたのであわてて逃げた。

公設市場に面するアーケードの解体は、年が明けてすぐに始まった。

一月六日、市場中央通り第1アーケード協議会の集まりが二十時半に終わって、みんなで公設市場の方に歩いていくと、公設市場の北面にあたる松尾東線に作業の足場が組まれていた。ラフな服装の人たちがきびきびと動きまわっている。道路に泡盛の瓶が置いてあって、飲みながらやるのかと思ったらお清めに使っていた。

しばらくすると、公設市場の西側の松尾十九号線にトラックが着いて、大城さんが降りてきた。このあたりのアーケードをいつも補修してくれる人だ。大城さんを含めた三人組が足場を組みはじめる。

「おなかがすいたから帰る」と何人か去り、残ったのはＮＰＯ「まちなか研究所わくわく」の宮道喜一さんと社会学の先生の新雅史さん、それから公設市場の組合長の粟國智光さんだった。少し離れたところで、ずっと市場界隈を取材している橋本倫史さんが熱心に写真を撮っている。

解体が始まるまで、うろうろ歩きまわる。松尾東線のかまぼこ屋さんのまえの電柱にカレンダーがかけてある。去年の十二月のままで、年末の予定が忙しそうな字で書きこまれている。その下に「宮城さん　3袋とりにくる　1月7日」とメモが貼ってある。

これ見てください、とそばにいた新さんに話しかける。

「おお、電柱が私物化されてる。アーケードがあるからこそだね」

確かに、雨ざらしになる場所には貼れない。今年のカレンダーはどこに貼るのだろう。

やがて、松尾東線から「よーし、いくぞ」とかけ声が聞こえた。ここのアーケードは、通りの両側の店からせり出した大きなひさしを樋でつないだ特殊なつくりになっている。まず、樋をはずすようだ。端から少しずつはずしてゆっくりと下ろし、巨大な樋を通りに横たえて、電動のこぎりで切ってトラックに積んでいく。

松尾十九号線は二十三時ごろ足場を組み終えて、解体作業に入った。火花を散らしながら細いアーチを焼き切り、T字に刻んでそのつど下ろしていく。

撤去が始まってしまえばあっというまなのだろうと思っていたし、明日の朝見たら「あっというまだ」と思うのだろうけれど、現場は細かい作業のくり返しだ。

通りかかった人が立ちどまった。

「すごい音だね」

近くの店の人らしく、粟國さんと少し話して去っていった。酔っぱらいの集団は「なにやってるんだろう」「市場なくなるんだよね」と声をあげて歩いていき、塾帰りらしき学生はイヤホンをしたまま目を伏せて通りすぎていく。

どうしてみんな見ないのだろう。いま、ここで大変なことが起きているのに。三十年以上あったアーケードが取りはずされているのに。

どうして私は見ているのだろう。おなかがすいたし足も疲れた。自分の店のある通りではないし、明日も市場に来るのだから、そのときにどうなったか確かめればいい。市場とアーケードに思い入れがあるとしても、工事を見届ける必要はない。

でも、見ていたかった。今日はマスコミもいないから自分で見るしかない。ふり向けば同じように見ている人たちがいる。誰も「もう帰ろう」とは言いださない。

公設市場が閉まったときと同じメンバーだ、と思った。去年の六月、公設市場の最後の一週間は、毎日のように市場やそのまわりで顔を合わせていた。あのときは、みんなが市場に集中している感じが文化祭のようだった。今日は後夜祭のよう。ひと区切りつけて、打ち上げ花火を校庭で見ている。ここでの生活は明日からも続くし、大変なこともあるけれど、どうにかやっていこうと上を向いている。

帰ったのは一時すぎだった。とても疲れたのに、気分は妙にはればれとしていた。

アーケード撤去

二〇二〇年の二月最初の月曜日、友人を飲みに誘った。

私から誘うことはめったにないので、顔を見るなり「なにかあったの？」と聞かれた。

「今日からアーケードの撤去が始まるの」

この日の朝、店に行くと市場中央通りに新しい屋根が架かっていた。公設市場の建替工事のための仮囲いだ。これを足場にしてアーケードを撤去すると聞いていたから、いよいよかと身構えた。

夕方、ある関係者に「アーケードは今夜から撤去するらしい」と言われて動揺した。この日が来るのは二年前からわかっていたし、仮囲いの屋根があるからアーケードがなくてもひとまず風雨はしのげるのに、いてもたってもいられない。何人かに「今夜から撤去が始まるそうです」とメールを送り、友人に「夜あいてる？」と連絡した。工事が始まる二十一時まで、しらふでは待てない。

お正月にタイに行った話など聞きながら飲み、時計を見ると二十一時半をすぎている。

「ちょっと見てくる」

「ちゃんと戻ってきてよ」

居酒屋から市場中央通りまで走って十秒。作業員の人たちが仮囲いの上にのぼって屋根の続きをつくっている。アーケードはそのままだ。現場監督に声をかけた。

「アーケードはいつから撤去しますか」

「今週末か来週のはじめですね。資材が届かなかったりして遅れています」

十秒で戻り、「まだ始まらないって」と言うと「なんだ」とあきれられた。私のメールを見て撤去を取材しにきてくれた人がいたことをあとで知り、申し訳なかった。

木曜日、アーケード協議会の会長から飲みに誘われた。

「今日ですか?」

「そう。みんなにも声かけてるから」

打ち上げでも忘年会でもなく誘われたのは初めてだ。会長は昨日、建物の権利者に会ってアーケードの話をしてきた。そこでなにか起きたのかもしれない。

店に入ると、通り会の人たちがジョッキで泡盛を飲みながらのんきにしゃべっている。折り入っての話がある感じではない。

「なんだ。てっきりつらいことでもあったのかと思いました」

「そうじゃないよ。つらいときはお酒なんか飲まないで家で寝るさ」

「そういえば」と、ひとりが話し始める。

「今日お客さんから電話があって、土曜日に店でおみやげを買って配送を頼んだんだけど、いつ家に帰れるかわからないからしばらく保留してほしいって言われたの。プリンセス号に乗ってるんだって」

新型肺炎の集団感染のニュースで騒がれているダイヤモンド・プリンセス号は、二月の最初の日に那覇に寄港した。人がたくさん来てにぎやかだったよ、と隣の店の人に聞いた。私はその日、知人に店番を頼んでいた。

ひとりが口をひらく。

「僕は、タイの支店を閉めることにした。中国人観光客が減って閑散としてるから」

こんなに影響が出ているのか。私の店はもともと海外からのお客さんが少ないので、いまひとつ実感がなかった。

「市場も国際通りも人が減ったなあ」

「湾岸戦争のときもテロのときも震災のときも大変だったよね」

これまで大変な時期を何度も越えてきた人たちだから、アーケードの再整備にもめげずに取り組めるのだろう。酒を飲まないのなんて人間ドックの前日だけだ、と笑いながら。

金曜日、工事の現場監督と通りで行きあい、「アーケードはいつから撤去しますか」と聞くと「今日からです」と言われる。今度こそ、ついに。月曜日に取材の空振りをさせてしまった人にだけメッセージを送った。

二十一時半すぎに市場中央通りに行くと、通りのまんなかでその人が三脚を構えていた。見上げればアーケードのテントがない。

「私もいま来たんですけど、もうテントが取られていて。はやいですね」

テントの次は骨組を外しているようなのだけれど、仮囲いの屋根に遮られて下からは見えない。

「どこかに上ってみましょうか」と言いあい、歩きだす。近くのマンションは入口が施錠され、三階にあるバーはもう閉店していた。二階にある居酒屋で「どうしてもアーケードの撤去工事が見たくて」と話すと事務所に入れてくれたものの、手前に別のアーケードがあって見えなかった。少し離れたホテルのフロントで相談すると屋上に連れていってくれた。今度は建物の陰になって見えなかった。

三階建ての建物の二階部分にくっついているアーケードだから、ごく限られた場所からしか見下ろせない。それを最後の最後に実感することになった。

市場中央通りに戻って屋根の上の見えない作業を眺めていると、「アーケードの撤去が始まって、どんな気持ちですか」とふいに聞かれた。

「悲しいです」と反射的に口にして、いや、そうじゃないと言いなおす。

「悲しいけれど、次の段階に進めるという希望も感じます。目のまえの公設市場が閉まってから半年、みんなでがんばってきたから、新しいアーケードはきっとつくれると思えるようになりました」

自分でもびっくりするほど前向きな言葉が出てきた。予想外の展開に何度も見舞われて、少しは打たれ強くなったのだろうか。なにより、いつも明るい通り会の人たちの影響かもしれない。

一喜一憂の日々はまだまだ続く。

言葉は残る

新型コロナウイルスの流行が広がって、那覇の町の人通りはぐっと減った。ホテルやドラッグストアが閑散としている。朝から深夜まで行列ができていたラーメン屋の店員さんが、黙々と外を掃いている。

私の店のまわりもすっかり静まり、店番中の読書がはかどる。休校、自粛、感染拡大、そんな単語はひとまず置いて、逃げるように本を読む。

イベント延期や中止の知らせが次々に入ってくる。世間ではこんなにいろいろやっていたのか。子どもがいると主催も参加も難しいから、すでに自粛していた。保育園は開けてくれているものの、「なるべく家庭保育を」という通達が市長の名前で来た。祖父母がいれば預けてほしい、平日に仕事が休みなら子どもも休ませてほしいと。祖父母は近くにいないし、平日の休みは歯医者の予約や古本屋の集まりがある。

こんなときはいっそ店を閉めるべきなのだろうか。開けたところで売上は少なく、不特定多数が出入りする市場に座っているのも危ないだろうに、のんきに本なんか読んでいていいのか。考えれば考えるほど、店を開けるのも子どもを預けるのも自分のわがままなような気がしてくる。私はなんのためにここにいるんだっけ。

ダニエル・デフォーの『ロンドン・ペストの恐怖』（栗本慎一郎訳、小学館）を本棚から引っぱりだして読む。一六六五年、ロンドンの人口五十万のうち六分の一の命がペストによって奪われた。奉公人が店や市場で買いものするうちに感染し、それを家に持ち帰ったことで蔓延した。感染者の出た家屋は閉鎖され、多くの人が失業して貧困におちいり、あやしげなうわさや健康情報がとびかった。

三五五年たったいまも、状況は驚くほど変わっていない。人は変わらず食料品を買いに家を出る。隔離しか防御策がなく、やみくもに他人をおそれる。

デフォーの時代は新聞が出始めたばかりで、ペストをきっかけに定期的に刊行されるようになったそうだ。いまは情報を得る手段はいくらでもある。うそか本当かわからないままばらまかれる情報は、ウイルスのように心に入りこんで不安をあおる。

それでもなお、人は外に出てだれかと場を分かちあい、濃厚接触を続ける。通販もＳＮＳも動画サイトもあるのに、買いものや仕事やイベントのために出かけずにはいられない。技術では置きかえられないものがあるのだ。

「こんなときこそ家で本を読もう」という呼びかけも何度か目にしたものの、あまり広がってはいなそうだ。本はイベントのかわりにはなれない。図書館も休館になってしまったし。

といいつつ私自身は、ひさしぶりにまとめて本を読んで調子がよくなった。沖縄の古い詩歌を読む機会もあった。意味はわからなくてもリズムが心地よくて、くり返し口ずさみたくなる。深く息が吸えるようになる。

首里城を詠んだ歌もたくさんあった。去年（二〇一九年）の十月三十一日、首里城は琉球王朝時代から数えて五度めの火災に見舞われた。お城が燃えても、言葉は残る。

読書のあいまに確定申告をした。こんな所得で暮らせているのが不思議だ。市場の人が「年金もあるけど、家にいてもひまだから」と言いながら店を開けているように、私も店のおかげで気力を保っている。店を開けなければだれにも会えず話もできず、すぐに落ちこんでしまう。

ひとりで店を始めたころは、同じ立場で話せる人がいないのが苦しかった。市場の人たち、古本屋の人たちは親身に話を聞いてくれるけれど、私の問題を一緒に引きうけてくれはしない。会社に勤めていたときは同僚がいて、仕事の愚痴を言ったり助けあったりできたのに。

いま、そんなさびしさはあまり感じなくなった。ひとりで店をやっていることに変わりなくても、市場や町のことを近い目線で話せる人たちに出会えた。それは自分の店しか見られなかった私が、市場や町に目を向けられるようになったということでもある。

まわりの店の人やお客さん、記者や研究者と、市場について言葉をかわす。なかには本や論文にまとめて渡してくれる人もいる。この市場から本が生まれるのは、市場の本屋としてなによりもうれしい。

もししばらく店を休むことになっても、書いて読んで過ごせばいいのかもしれない。外に出なくてもひとりでも、言葉は私から離れない。だからどうなっても大丈夫だと思ったら、肩の力が抜けた。

おうち

二〇二〇年の春は、聞き慣れない言葉がニュースに次々に出てきた。ソーシャルディスタンス、テレワーク、ニューノーマル。煙に巻かれて大事なことを隠されているような気分になる。あらゆる人に理解して実践してほしいはずのことを、どうしてカタカナ英語にするのだろう。

沖縄では「沖縄5分の1アクション」「おきなわ彩発見キャンペーン」といった新語が生まれる一方で、「ちむぐくる（肝心）」「ゆいまーる（結い回り）」といった昔ながらの言葉があらためて強調された。

今回、にわかに脚光を浴びたのは「やーぐまい」だ。「家ごもり」という意味で、これまでは主に台風のときに使われてきた。ひと夏に何度も台風が直撃する沖縄では、夏の何日かは家から出られない。仕事を休んで買いものにも行かず家にこもることに、他県の人よりは慣れているはずだ。「ステイホーム」にぴんと来ない人も、「やーぐまい」と聞けば「ああ、外に出たら危ないんだね。家にいようね」と腑に落ちただろう。

「やーぐまい」はあきらかに沖縄固有の言葉なので、わからなければその場で「どういう意味ですか？」と聞ける。難しいのはむしろ、共通語にもある単語が意味や文法を微妙にずらして使われるとき。はじめは聞き流しても、何度も耳にするうちに違和感が出てくる。

「これって沖縄だけの言いかたですか？」と聞いても、相手にとってはあたりまえの言葉だから、「さあねえ」と煮えきらない。それでもちょっとしたもの言いに沖縄の人の機微が現れているような気がして、つい「どうなんですか」と食い下がってしまう。

「ステイホーム」に関連して使われるようになった「おうち時間」「おうちごはん」。この「おうち」も、まえから気になっていた。沖縄のパンクな若者が「あいつのおうちに行った」と話すのを聞いてずいぶんかわいらしいなと思っていたら、詩人のおじいさんや市場のおばあさんの口からも「おうち」が出てきて、だれもが使う言葉なのだと気づいた。ウィキペディアの「ウチナーヤマトグチ」（沖縄大和口）の語彙一覧には、〈オウチ：住居。改まった言い方は「住宅」あるいは「屋敷」で、本土で一般的な「家（いえ）」という表現はあまり用いられない〉とあった。

玉城デニー知事は、四月十五日の会見で「おうちにいよう、家で過ごそう、ステイホームを合い言葉に不要不急の外出を控えて欲しい」と呼びかけた。三つの言葉は、子ども、大人、日本語を解さない人に対して使い分けているのだろうか。そうだとしたら、この「おうち」は沖縄風に〈住居〉を指すのではなく、子ども向けに発せられた共通語だということになる。

安倍首相は五月四日に行われた会見で、「今はどうか、おうちで家族との時間、家族との会話を大切にしていただきたいと思います」と話したらしい。大人向けの発話で「おうち」という単語を使ったのは、「おうち時間」などの流行に乗ったように見える。

星野源の曲「うちで踊ろう」が、「うち」(on the inside) であって「おうち」(at home) でないのは、「家」にいられない人や体を動かせない人も「内」で踊れるようにという思いがこめられているからだそうだ。首相はこの曲を使った動画を自身のSNSに投稿した。勝手にコラボしておきながら、ここで「おうち」と言うのは無神経じゃないか。

「おうちってどういう意味ですか?」と首相に聞いてみたい。追及すべきことはほかにいくらでもあるけれど、言葉をおろそかにする人はそもそも信用できない。「どうなんですか」と食い下がったところで、納得できる答えは返ってこないだろうけれど。

天妃前饅頭

東京に暮らす人と知りあって、メールのやりとりを始めた。二〇一二年のこと。その人のお父さんは那覇に生まれ育ち、進学のために東京に出て、そこで沖縄の歴史や文学の研究を続けた。

「父の好物は天妃前饅頭《てんぴぬめー》でした。僕も沖縄に行ったら必ず買っていました」

私の店の先にある、市場本通りのお菓子屋さんで売っているという。私もときどきおやつを買いにいくけれど、天妃前饅頭のことは認識していなかった。店に行って探してみても、それらしきものはない。ほかのお菓子を買いながら店の人にたずねると、

「今日は売り切れ。もっと早い時間においで」

と言われた。メールに「賞味期限が当日なので買い置きできないのが残念」と書かれていたとおり、毎日売り切れる数しか仕入れないのだろう。

数日後にようやく手に入れた天妃前饅頭は、月桃の葉にぴっちりとくるまれていた。葉をひ

らくと、饅頭が五枚入っている。五個というよりは五枚。とにかく薄い。

はったい粉と黒砂糖を練りあげたあんを皮で包み、月桃の葉にのせて蒸す。製法は事前に調べていたのに、実物を見るとなんだか得体が知れない。ぺらっと平たくて饅頭のイメージからは遠いし、薄すぎる皮に黒あんが透けて、皮とあんが一体化して見える。口に入れると簡単に噛みきれて、胃袋にすとんと落ちていく。

一日に五枚も食べられるかと心配していたのに、あっというまになくなった。めちゃくちゃおいしいというのではないけれど、ほかにない食感は確かにやみつきになる。

翌年、東京に行く用事ができて、その人にも会った。ただし天妃前饅頭は持っていけなかった。行った当日に渡せなければ賞味期限を過ぎてしまう。『琉球菓子』(安次富順子、沖縄タイムス社)には〈栄養があって、腐りにくく、子供が食べてもおなかを壊さない〉と書かれているのだけど。

その後も上京するとたびたび会っていたのが、あるとき初めて、私が東京に着いた日に会うことになった。ぜひとも天妃前饅頭を買っていこう。

しかし、出発前には市場のお菓子屋さんはまだ開いていない。少し離れた泉崎に有名な店があるので電話してみたら、なんと「開店前にお渡しすることもできます」と言ってくれた。那覇空港に向かう途中で立ち寄り、無事に買えた。

羽田空港から待ち合わせの駅に向かい、喫茶店でおみやげを渡す。

「おお、天妃前饅頭だ」

さっそく月桃の葉をひらいて、「あれ、なんだか色が違う」と言う。

「市場のは色が黒くて、もっと硬かった」

私はしばらく食べていなかったのでわからない。目のまえの饅頭は白いとはいえ、中のあんが透けて黒っぽくも見える。色の違いは個体差だと思うけれど。

次の日、「母と食べました。おいしいけど、いつも市場で食べてたやつのほうがおいしかったと話しました」とメールが来た。そんなに違いがあるものだろうか。何年も食べないでいたあいだに記憶が美化されただけなのでは、と思ってしまう。

那覇に戻ってから市場のお菓子屋さんで買ってみた。あれ、黒い。そして硬く引き締まっている。月桃の葉に貼られたシールには、那覇市三原の工場の住所が書かれていた。確かに、泉崎のとは違うものだった。

一九年の夏に上京するとき、今度こそ市場の天妃前饅頭を買っていこうと決めて、着いた日に会う約束をした。

でも、飛行機は今回も朝だ。市場のお菓子屋さんに相談したら、「一日くらいはもつから前の日に買っていきなさい」と言われた。なんだ、やっぱり大丈夫なのか。

出発の前日、十三時すぎにお菓子屋さんに行くと、陳列台の左はしがあいている。ここは天妃前饅頭の定位置だ。お昼ごはんを食べていた店の人が奥から出てきた。

「今日はすぐに売れちゃったんだ」

「ほかにどこで売ってますか」

「平和通りかな」

「ああ、おもち屋さんですね。そこだけですか」

「いまは、そうだね」

お礼を言って平和通りに行き、おもち屋さんに向かう。めあてのものがガラスケースの中にないのは遠目にもわかる。せっかくのチャンスだったのに、もう買えない。あと二時間早く来れば、と後悔した。

二〇二〇年三月、平和通りのおもち屋さんに寄った。夕方なのでガラスケースにはおもちが三つ残っているだけだ。そういえば最近、ここでも市場本通りでも天妃前饅頭を見ないような。

「去年の年末で三原の工場が閉まって、もうつくらなくなったんですよ」

言葉が出なかった。そんなことがあるとは想像もしていなかった。通っていた店が閉まった経験はたくさんあるけれど、工場も閉まるのか。それはそうか。

「うちも前は工場があったけど閉めたし、つくる商品を減らしている工場もあるし。だんだん扱う品物が減ってきています」

黒い天妃前饅頭はもう食べられなくなった。家族の思い出ぐるみでこのお菓子を愛したあの人にとっては、去年の夏が最後の機会だったのに。申し訳なくて、廃業のことがまだ伝えられない。

いまから五十年

隣の洋服屋さんから店を閉めると聞かされたのは、二〇二〇年が始まってすぐだった。「五月には閉めるつもり」と言われた。

「私がやめたら、ともちゃん借りる？」

そう聞かれたのはもう少しあと、二月のはじめ。

「あなたがやるのが一番いい。大家さんもとってもいい人だから」

いつかこんな日がくるのかも、と想像したことはあったけれど。「考えてみます」としか言えなかった。

洋服屋さんは明るくて冗談の好きな人で、毎日いろんなお客さんと話しこみ、外国からのお客さんを日本語で笑わせたりしている。店を始めたのは五十年以上前で、家賃はドルで払っていたそうだ。最初はいま私が古本屋をやっているスペースも借りていたらしい。

私の店は三坪しかない。店をやるうえでの困りごとの大半は、狭さによるものだ。ただもう慣れてしまったし、隣を足したところでたいして広くならない（隣は一・五坪）。家賃を払ってわずかに広げて、それに見合う利益が出せるのか。

そんなの借りるしかないでしょ、と知人には言われた。

「隣にどんな店が入るかわからないんだから、自分で押さえておいたほうがいい」

確かにそうだ。「うちのまわりは通りのなかでも人間関係がすごくいい」と、私のまえにこで古本屋をやっていた「とくふく堂」さんが何度も言っていた。左隣の洋服屋さん、右隣の漬物屋さん、向かいの鰹節屋さん、みんないい人で、奇跡のゴールデントライアングルだと。

漬物屋さんは二〇一六年に体調を崩して来なくなり、数か月後に家族が店を片づけた。鰹節屋さんは牧志公設市場の建替のため、去年から近くの仮設市場で営業している。二年後に新しい市場ができたら鰹節屋さんは戻ってくるはずだけれど、いまはいない。おそらく五十年以上続いていたはずのトライアングルが、この四年でみんな消えてしまった。

二月の終わり、洋服屋さんに「どうする？」と聞かれて「借りたいです」と答えた。

「じゃあ大家さんに話しておくよ」

まもなく仮設市場で新型コロナウイルスの感染者が出て、私も洋服屋さんも店を休みはじめた。売上のないまま家賃だけを払いつづけて、店を広げるなんて考えられなくなった。

五月の終わりの同じ日に、私と洋服屋さんは店を再開した。隣から、

「ひさしぶりだね、もうやめたのかと思ったよ」

「家にいたの。年寄りだからね」

と会話が聞こえてくる。店をどうすることにしたのか、言われないし聞けない。

六月に入っても静かな日々が続く。できるならこのままやめないでいてほしい。隣を自分でやるのは荷が重いけれど、ほかの人に借りられるのもいやだ。いまは決められない。

いっぽうで、店を広げるのは単に本の在庫を増やすためだけではないのかもと考えるようになった。この感染症はそれぞれの店の姿をあらわに見せた。インバウンドが来なくなったとたんに閉店したドラッグストア、緊急事態宣言が出ているあいだも地元の人が買いものに来る惣菜店。地下にあって換気のできない店、窓を開け放てる店。カウンターしかないコーヒースタンド、テーブルを離して置ける喫茶店。これまで気にしなかった小さな違いが明暗を分けた。

私の店はレジカウンターがなく、ビニールカーテンを吊るす場所がない。シャッターを閉めたまま店内で作業するスペースもない。こういう店だからしかたないと思っていたことが、隣に一・五坪増えるだけでも少し解決できるかもしれない。

奥にカウンターをつくって、まずは自分の居場所を確保する。手前に市場の本のコーナーをつくりたい。いまあるものをゆったり見せられて、なにより自分が過ごしやすい場所にしよう。そう決めたら楽しみになってきた。

「六月いっぱいでやめるね」

ある日の帰りぎわ、洋服屋さんに声をかけられた。

「ともちゃん、どうする?」

「借ります」

「よかった。五十年続けるんだよ」

「いま九年めです」

「いまから五十年よ」

つまり、私が九十歳になるまで。市場ではありえない年齢ではない。この先の長い時間を、社会や自分の変化に対応しながら続けるには、のびたりちぢんだりできる余裕が必要だろう。洋服屋さんもそうして五十年やってきたのだ。まず広げてみて、だめならまた考えればいいよ、と背中を押された気がした。

六月最後の日。毎日隣にいた人が明日から来ないというのが実感できなくて、「また片づけに来ますよね」などとごまかしてしまう。いつものように冗談を言って笑いとばしてほしいのに、洋服屋さんは黙っている。

七月はじめの日、洋服屋さんはいつものように店を開けていた。六月いっぱいって言ってたよね? タイムループ? 聞けないまま、「おはようございます」と声をかけた。

隣の人は前の人

六月いっぱいで閉めるはずだった隣の洋服屋さんが片づけを始めたのは、七月に入ってからだった。洋服を売り切ってがらんとした店内で作業していると、通りかかった人からひっきりなしに声がかかる。

「お店閉めるんですか？　このあと誰が借りるか決まってるんですか？」

「ここ、家賃いくら？」

何度も聞かれてうるさいからと、最後のほうはシャッターを半分閉めて薄暗いなかで作業していた。

片づけが終わって、七月二十日からシャッターが下りたままになると、今度は私に声がかかるようになった。

「お隣、やめたんでしょ？　大家さんを紹介してくれない？　雑貨屋をやりたいの」

「次に借りる人はもう決まってるみたいですよ」

「なんだ」とさっさと帰っていく後ろ姿を見ながら、どこのだれかもわからない人にいきなり貸さないでしょうと思い、いや、ふつうは借主を広く募るものだと思いなおす。

那覇の市場周辺の店は、だいたい口コミで次の人が決まっていく。私も洋服屋さんに言われて借りることになった。

私だって、最初はどこのだれかもわからない人だった。ここにあった古本屋「とくふく堂」の徳沢さん夫妻が次にやる人を募集しているのを見て手をあげただけだ。県外から二年前に移り住んできた人間が、突然ひとりで店を始める。いま考えるとかなり不審だけれど、まわりの人は淡々と受け入れてくれた。

棚や什器は「とくふく堂」のものをほぼそのまま使っている。外の棚の出しかた、通り会費、ご近所づきあい、お昼ごはんを買える店、みんな徳沢さん夫妻に教えてもらった。

今回、洋服屋さんからあらためて教わったことは特にない。什器はすべて取り払われていたし、ずっと隣にいたから、真ん中にシャッター棒を立てて重いシャッターを閉めるのが大変そうだとか、だいたい知っているつもりでいた。

それでも、借りはじめたらいろいろ聞いてみたいことが出てきた。シャッター棒を立てるのが思った以上に難しくてなかなか閉まらないけど、コツはありますか？　クーラーの排水はバケツにためたあと、どこに流していました？　というか、置いていってくれたクーラーをよく見たら九九年製だったんですが、ちゃんと冷えていたんですか？

　電話するほど困っているわけではない。ただ、頭のなかで話しかけるだけだ。いつも洋服屋さんが座っていた店の奥に椅子を置いて、通りを眺める。一軒隣にずれるだけで、風景はずいぶん変わって見える。この風景をずっと見ていたんだなあ、と隣にいだときよりもひんぱんに洋服屋さんのことを考えている。隣の人は前の人になって、さらに近づいた。

　これが賃貸の家なら、ふつう自分の前に借りていた人のことは知らない。ただし家のあちこちに気配は残っていて、画びょうの跡や柱の傷から、ふと前の人の暮らしぶりを想像したりする。

　長嶋有さんの『三の隣は五号室』（中公文庫）はそんな小説だ。主人公は一九六六年から二〇一六年までの五十年間に、横浜の第一藤岡荘に暮らした歴代の住人たち。時代の変化と約十三人それぞれの個性が、ガスコンロのホースや雨音やテレビを通じて浮かびあがってくる。

　洋服屋さんは五十年ここにいたというから、店をやっていたのは一九七〇年ごろから二〇二〇年までということになる。この小説で書かれたのとほぼ同じ期間だ。住人たちが十三人がかりで過ごした時間を、たったひとりで過ごしきったのか、と妙な感心をしてしまう。

　戦後まもなくガーブ川沿いに闇市が起こり、バラックが建った。大家さんのお母さんはここで漬物屋を始めた。しょっちゅう川が氾濫するので米軍や琉球政府にかけあい、みなもお金を出しあって、一九六五年に川にふたをしてコンクリートの建物をつくった。店のまえの道にリヤカーが来て野菜や下着を売り歩き、路上に肉や魚を並べて売る人もいた。雨が降るたび、まわりの店の人と力を合わせて道にテントを張った。沖縄が日本に復帰した七二年、向かいに牧志公設市場の新しい建物が完成した。九〇年前後にアーケードができ、急激に観光客が増えた。

　私が人の話や本でなんとなく知ったつもりになっている市場の歴史に、洋服屋さんもいた。洋服をマネキンに着せ、かわいい紙袋を揃え、ラジオをかけ、友達が来ると近くの銀行でお湯をもらってコーヒーをいれて。クーラーを設置したのは九九年が初めてだったのだろうか。涼しくてうれしかっただろうな。

　いま、店のまえをほうきで掃きながら、お客さんが来て立ちあがりながら、シャッターを閉めて通りを帰りながら、私と同じような動きをしてきた人のことを思う。洋服屋さんだけでなく、この通りで商売をしてきた何百人もの人たち。その人たちの動きがこの建物を支え、お客さんを集め、通りを生かしてきた。私は建物を借りることでその動きを覚え、生計を立てている。店がなくなってもここに受け継がれているものを、なんと呼べばいいだろう。

復興の槌音

二〇二〇年八月二十八日、一か月ぶりに店を開けることにした。まだ沖縄県の緊急事態宣言は出ていたけれど、休みつづけることに耐えられなくなった。

朝、通りを歩いていくと、木を削るような音が響いてくる。公設市場の建替工事がやっと始まったのかと思ったら、自分の店を改装する音だった。

八月一日から、隣の洋服屋さんだった場所を借りはじめた。まずは床と壁をきれいにしたい。友だちに紹介してもらった内装屋さんはフリーで仕事をしていて、市場界隈の店を何軒も手がけたという。一月には松尾東線のアーケードの撤去工事も手伝ったらしい。

「ただ、いま立てこんでいてすぐにはできないんです」

「忙しいんですか」

「このへんの店が改装ラッシュで。店はひまだし給付金ももらったし、ちょっと直しておくかって思うらしいんですよ」

結局、改装は今日から始まることになった。隣の空き店舗のまえに機械を出して、ベニヤ板を削っている。一年前ならまわりに空き店舗はなく、人通りも多くて、とても昼間に作業をすることなどできなかった。確かに改装しやすい時機ではある。

十三時ごろから向かいの公設市場もさわがしくなってきた。台風が来そうなので、建設業者の人たちが対策を始めたらしい。市場の敷地のまわりの囲いを風で飛ばされないように一枚ずつ間引き、屋根の支柱を増やし、屋根にかけたブルーシートをはずす。工事の人たちが足場を軽々と行きかう。私の真上にも人がのぼり、目のまえに足がぶらさがる。

通り全体が工事現場になったようで落ち着かない。本が売れる雰囲気でもないので、私も改装を手伝うことにした。

Tシャツに着替えるまえに携帯を見たら、緊急事態宣言再延長のニュースが入っていた。三日後の旧盆で人が集まることを懸念したとある。台風九号が発生したというニュースも。旧盆と同じ日にやってくるらしい。

ペンキの塗りかたを教わる。細長く切られたベニヤ板を一枚ずつ作業台にのせて、ハケでさっと塗り、布でこする。側面は塗りにくいので小さなハケで。

「すばやくやらないとムラになります」

「サイドまで塗りのこしがないようにしてください」

アドバイスを受けるたびに緊張する。何十枚も切り揃えてくれたベニヤ板を、私のペンキでだいなしにするわけにはいかない。

「珍しいことやってるねえ」

近くの店の人たちが集まってきた。お客さんがいないので、みんなやたらにウロウロしている。

「この壁、ぶちぬいたら？　簡単に壊せるよ」

「ねえ、工事費いくらかかるの？　えっそんなに？　高いよ」

そうですね、といなして塗りつづける。

十六時をすぎると、公設市場のほうからまっすぐに西日がさしてきた。日よけにしていたブルーシートがはずされたので、目が開けられないほどまぶしい。そして暑い。

「首相、辞任するらしいですよ」

座って携帯を眺めていた大工さんが教えてくれた。そうか。いまは正直それどころじゃない。ここには喫緊の課題が山積みだもの。緊急事態宣言の延長。更地になった公設市場の横で迎える初めての台風。強すぎる西日。頭上で作業をしている人たちの怒鳴り声。落ちてくる塵。

公設市場のまわりをぐるりと歩いてみる。囲いがなくなって、市場をはさんで反対側の通りにある店まで見通せる。こんな眺めは初めてだ。今日が潮目だ、と思った。これまで見えなかった風景が見えて、新しい感染症の流行はおさまらず、今年初めての大きな台風が近づき、旧盆でご先祖様を迎える準備が進み、首相が交代する。

カンカンと金づちが鳴る。光のなかで鉄板を打ちつける人たちを見上げる。この状況を表すのにふさわしい言いまわしがあったような。「槌音高く」？　いや、「復興の槌音」だ。

これは復興の風景なんだと思った。大きな災害にあったわけでもないのにこの言葉を使っていいのかわからないけれど。公設市場の建替に感染症の流行が重なって、商売はかつてなく厳しい状況に置かれている。それでも、みんなこの場所を見捨てない。建物をつくりかえて店をきれいにするのは、またここに人が戻ってくると信じているからだ。

七十五年前、戦争が終わったばかりの那覇のあちこちで、こんな音が響いていたのだろう。いまよりもっと不安で悲しいときに、これからもどうにか生きていくために。

槌音が新しい風景を見せてくれた。変化することをさびしいと感じがちだったけれど、今日は前向きな気持ちになれた。

幻の市場

私の店は「水上店舗」と呼ばれる建物に入っている。ガーブ川を暗渠にして、その上に建てられた建物だ。

二〇一八年、水上店舗を舞台にした小説が第八回アガサ・クリスティー賞に決まったと人に教えられて、事態がよく飲みこめなかった。水上店舗とアガサ・クリスティーが結びつかない。ミステリー小説なのだろうか。

やがて受賞作『入れ子の水は月に轢かれ』(オーガニックゆうき、早川書房)が発売された。店で仕入れて、私もさっそく読みはじめた。那覇の商店街の様子がつぶさに描かれている。これはあの通りか、これはあの人がモデルだろうな、などと連想が止まらない。いよいよ殺人事件が起きると、推理の道筋に那覇の歴史と地理がからんでくる。はたしてどこまでが本当のことなのか。事件の謎解きをしつつ、年表と地図を見ながら虚構と現実の区分けについても考えたので、読みとおすのにものすごく時間がかかった。

台風の夜、主人公が水上店舗の店内で寝る場面がある。〈床下を流れる川の水量が増し、流れが速くなっていくのが分かるのだ。濁流が音を立てて流れ、床までその振動が伝わった〉

ここを読んで、私も主人公と同じように〈ここは、本当に川の真上だ……〉と感じた。店の下に川が流れていると知ってはいても、実感したことはない。「私の店は川の上にあります」と書いたところで、「地球はまるいです」のようなうわべだけの文にしかならない。でも、この場面のおかげで初めて感覚を想像することができた。

暗渠の存在は、事件のトリックを成り立たせる最大の鍵になっている。読んだ人は、那覇の商店街の地下に川が流れていることを決して忘れないだろう。フィクションの力を感じた。

しばらくして、NHKの「ブラタモリ」のパリ編を観た。パリのアーケード「パサージュ」に興味をもって観始めたのに、違うところに釘づけになった。

パサージュ・ジュフロワにあるホテル・ショパンの階段から地下に降りると、長い通路がのびていて、両側に倉庫や厨房が並んでいる。もともとはここが地上だったのが、かさ上げされて地下になったと考えられているらしい。

華の都の地下に残る古い町並み。パリのパサージュの地下の映像が、頭のなかで那覇のアーケード街の暗渠に重なった。

水上店舗の下にあるのは川ではなく、忘れられた商店街かもしれない。そこにはいまでも昔の市場があって、肉屋さんが豚をさばいたり、店主の子どもが奥でごはんを食べたりしている。

そんな小説を書いてはどうか、と知りあいの作家に持ちかけてみた。

「自分で書けばいいじゃない」

「そういう能力はないので」

「おもしろそうだけどね。地下には幻の第三牧志公設市場があった、とかさ」

「いいですね！」

建替工事中の第一牧志公設市場は、工事が終わるまで近くに建てたプレハブの仮設市場で営業している。仮設市場の場所には、一九六九年から二〇〇一年まで第二牧志公設市場があった。公設市場の事業者と那覇市と地主が、それぞれの利害をめぐってぶつかりあった末に生まれた市場だった。第二でこれだけもめたのだから第三はどんなに大変だったか、と妄想で心配してしまう。那覇の政治や土地問題の闇が見えてきそうだ。

ある日、地元紙に「謎の地下室を発見」という記事が出た。沖縄市のソーセージ店を訪れた七十代の男性が、自分はかつてここにあったクラブで働いていた、米軍関係者がたくさん来てドル札が飛びかって、仕事のあとに仲間と地下室で飲むのが楽しみだったと語った。それを聞いた店主が思いきって床を取り壊してみたら、地下に約八畳の空間が現れたそうだ。

事実は小説よりも奇なり、と思わず紋切型をつぶやきたくなる。沖縄の地下には忘れられた空間があって、いまも昔の空気を保っているのだ。たわいない妄想でフィクションを書くよりも、地下をきちんと取材してノンフィクションにするべきだ。

建築の仕事をしている人に話すと、駐車場にマンションを建てるために地盤を掘ったら喫茶店の看板が出てきたと教えてくれた。

「レトロでいい感じでしたよ」

そう、そんな話をもっと聞きたい。しかし続けて語られたのは、学校の工事で校庭から不発弾が見つかったとか、水道の掘削工事中に不発弾が爆発して作業員が大けがをしたとか、物騒な話ばかりだった。

沖縄の地下にはまだたくさんの不発弾が埋まっていて、処理のたびに避難や交通規制の知らせがある。戦跡や地下壕からは骨も出てくる。軽い気持ちでは触れられない。

そもそも、地下という言葉が闇を表している。地下組織、地下経済、地下出版。地下を調べようとすれば、文字通りアンダーグラウンドな世界に踏みこむことになる。

私には書けない。でも、やっぱり読んでみたい。地下で営業を続ける第三牧志公設市場の小説か、沖縄の地下を取材したルポルタージュ。だれか、書いてくれないだろうか。

「シャッター通り」

シャッターのことをよく考えるようになった。

たとえば、台風対策について。二〇二〇年八月の終わり、沖縄本島を「非常に強い」台風が直撃するという予報が出た。去年まで私の店の建物は向かいの牧志公設市場とアーケードに囲まれて風が入りこむ隙がなく、台風対策はほとんど必要なかった。それが、去年から公設市場の建替工事が始まって向かいは更地になり、アーケードもなくなった。丸腰で迎える初めての台風だった。

店の外と中をへだてるのはシャッターだけだから、これが飛んだら店内の本も棚もだめになる。どうやって守ろうか。困っていたら、通り会の会長が土嚢を買ってきてくれた。風は予想ほど強まらずに過ぎた。

または、防火について。私も所属する「市場中央通り第1アーケード協議会」は、公設市場のために撤去したアーケードの再整備に取り組んでいる。クリアすべき課題のひとつにシャッターがある。アーケードの側面建築物のシャッターは、防火シャッターでないといけないそうだ。風雨のみならず火まで防げるものがあるとは知らなかった。

通りの店のシャッターは条件を満たしているのか。専門業者に確かめに来てもらったら、シャッターの側面が壁に埋めこまれていて横から厚さを測れないため判断できないと言われた。正面はまる見えなのに横が見えないとわからないなんて、なんだか不思議な気がする。

そして、シャッター通りについて。新型コロナウイルスの流行につれて四月ごろから徐々に下りはじめた那覇の商店街のシャッターは、五月に沖縄県の緊急事態宣言が出たあと、一気に閉まった。

秋になって通りは少しずつ活気を取り戻しているものの、閉まったままの店も少なくない。SNSには「那覇の商店街は閑散としてました」「完全にシャッター通り」などと書きこまれ、人のいない商店街の写真が投稿されている。

ふだんと違う風景を見て驚く気持ちはわかる。でも、一瞬見ただけで決めつけないでほしい。店は五分前まで開いていたかもしれないし、今日は休みでも明日は開くかもしれない。市場中央通りの写真に「まだ二十時すぎなのに真っ暗。ここもシャッター通りになった」とコメントがついていたときは、その時間はみんな閉めてるよ、まえからそうだよ、と言い返したかった。

たとえずっとシャッターが閉まっていても、通販や配達など見えないところで働いている店、休業中に改装している店、開ける時機をうかがっている店もある。「シャッター通り」という言葉は、そんな動きを全部見えなくしてしまう。もちろんやめてしまった店もあるけれど。

まあ、シャッターの中を想像してほしいというほうが無茶なのだろう。風も雨も火も通さない灰色のシャッターが通りを覆っていると、歩いている人はつまらなくなって、「シャッター通りめ」と悪態をつきたくなるのかもしれない。ポスターを貼ったり提灯を吊ったりして、シャッターが閉まっていても少しはたのしく歩いてもらえるように、店があるとわかってもらえるようにしているつもりだけれど、そんなことではごまかせない。早くみんなで開けたい。

読書の秋

ずっと牧志公設市場の建替と新しい感染症のことばかり考えている。通りは静まりかえっているようでいて、かえって忙しい。

建替工事のトラブルやお客さんの少なさについて通りの人たちと話し、店の給付金と商店街の補助金の申請のために書類をそろえ、夜は家でＺｏｏｍ会議をする日々はあっというまに過ぎて、手帳に書かれないできごとや心の動きはどんどん忘れていく。お客さんとのやりとりでうれしかったことも、入荷した古本を眺めていてハッとしたこともあったはずなのに。

隣の一・五坪の物件を借りて店を少しだけ広げたことは、気持ちのうえでとてもよかった。内装屋さんは相変わらず忙しくて二か月たっても本棚はできない。手前に椅子とテーブルを置いて店番し、奥に本や段ボール箱を適当に積み上げている。それでも、借りてよかった。

これまでは店が狭すぎて、可動式の棚も備品もすべて所定の場所に戻してテーブルを折りたたまないとシャッターが閉まらなかった。いまはテーブルにノートパソコンを広げたまま、本を散らかしたままでも閉店できる。

通り会の打ち合わせは、この増床した場所でやるようになった。ボーダーインクの新城和博さんにはひとり古本市をしてもらい、写真家の垂見健吾さんには三十年前の市場の写真を展示してもらった。お客さんやまわりの店の人たちが本と写真を見ながら立ち話していると、なにごとかと人が次々に入ってくる。自分の店にこんなに人がいるのが不思議だった。

今日はもっと前で店番してみようとか、お昼ごはんだけ奥に引っこんで食べようとか、座る位置を変えられるのもいい。空間にゆとりがあると体がゆるみ、心にも余裕が生まれる。ぽっかり空いたスペースのぶん、自由になったような。店も通りもいろんな角度から見られて、新鮮にうつる。

十年以上前、東京で六畳一間から八畳一間のアパートに引越したときのことを思いだす。六畳の和室は半分が本の山で埋まっていたので、いつも同じ向きに寝ころんで過ごしていた。八畳の和室に引越したときに大きな本棚を買って片づけたら、いろんな向きに転がれるようになった。毎夜、違う壁を眺めながら、自分も出世したものだと悦に入った。

たった二畳でなにを言っていたんだろう、と八畳の部屋から沖縄の六畳二間の部屋に引越したあとも思いかえしては笑っていたのに、いままた一・五坪でよろこんでいる。

わずかにできたバックヤードに気になる本をしまっておき、仕事のあいまに手にとる。夏のあいだは、戦後の闇市の記録や震災後のまちづくりの本などを読んでいた。どの本にも那覇の市場を重ねてしまう。戦後と現在の、それぞれの苦労を。

窮地に立たされて先が見えないとき、そこに暮らす人はなにができるか。目のまえの課題を乗りこえなければ明日が迎えられないけれど、五十年後にどうなっていたいか考えてみたら、逆に今日すべきことが見えてくるかもしれない。

十月に入って朝夕は涼しくなり、日没も早くなった。ある晩、まっくらな通りをひとりで帰っていたら急にさびしくなった。肌寒さを心細さとかんちがいする、それが私の秋の始まりだ。

少し現実から離れたくなって、買ってあったウィリアム・トレヴァーの短編集を開いた。新潮クレスト・ブックスの『密会』。

ストーカーのように路上で声をかけてくる元夫を拒みながらも一緒にカフェに行く女性や、一日に三度も密会して愛を語りあったあと、急に別れる男女が出てくる。なにが起きているのかよくわからないし、共感もできない。なのに、結末を読むころには「そんなこともあるのかもしれない」と受けいれている。自分とはまったく別の境遇にいる人の心の動きが、知っているもののように感じられる。

そういえば私も東京の八畳の部屋で、この主人公と同じことを願った夜があった。那覇の市場にいる私だけが私ではないのだった。

そこから何冊か続けてクレスト・ブックスを読み、このシリーズを愛読している札幌の知人はどうしているだろうと考えていたら、ひさしぶりにメールが来た。この半年、新しい勤務スタイルに慣れなくて悪夢を見たり胃を痛めたりしていたけれど、最近ようやくクレスト・ブックスを読みかえす余裕が出てきた、とある。

〈選書は、心の状態を表しますね〉

本当にそうだな。札幌と那覇で同時に同じ状態に落ちついたのがなんだかうれしい。

春からの感染症流行、夏の猛暑をへて、秋を迎えてひとまずひと息。「読書の秋」という月並みな言葉が身にしみたのは初めてだった。

均一本のたのしさ

店のまえに百円均一本のコーナーをつくった。これまで何度かつくっては、あまり売れなくてやめるのをくり返していた。店を増床して、まだ棚もなくがらんとしていたとき、ひとまず段ボール箱に均一本をつめて路上に置いてみた。やがてホームセンターで買った木箱に入れかえて台の上に置いたら、急によく売れるようになった。安いからこそ、きれいに見せないといけなかったらしい。

「本当に百円なの？」

「なんだか悪いみたい」

会計のときにそう言われると、こちらもなんだか悪いような気になる。お客さんは百円以上の価値があると思った本に、私は百円しかつけなかった。その落差があるからこそお客さんによろこんでもらえるとはいえ、妙に気まずい。

まわりの店の人たちは「こんなにきれいな本が百円！」「もったいない、値上げしなさい」

とやいやい言うので、「いや、百円でも買わないでしょう？　買います？」と聞きかえすと笑って去っていく。

いつも前を通りすぎるだけだった近くの店の人が毎日来るようになり、時代小説の本を一冊ずつ買ってくれる。にぎやかに歩いているグループのひとりが立ち止まって、自己啓発の本を買っていく。たった三箱分の本を置いただけで、客層が広がった。時代小説や自己啓発の本は、いままでほとんど置いていなかった。店内にないジャンルの本を箱に入れてみると、数分もしないうちに売れることもある。雑多な本が並んでいるほうが、たくさんの人が通る市場に合っているのかもしれない。これまではごく一部の人の需要しか満たせていなかったのだ。

均一本のたのしさに目ざめると、ほかの古本屋の棚も気になってきた。外観の写真を検索して、均一本の棚を拡大して見る。道に立派な棚を何台も並べている店。大きさも素材もさまざまな箱を積み上げている店。地べたにシートを敷いて、その上に本を並べている店。内装がきれいにデザインされていても、外の什器は寄せ集めのように見える店もある。お客さんの家に本の買取に行ったついでに引き取った棚や、近所の店から譲ってもらった棚を並べたのだろうか。そんな想像をするのもおもしろい。

棚を支えるキャスター、入口の段差、シャッターの位置、ひさしの大きさなども観察する。外の棚は基本的に毎日出し入れしないといけない。こんな重そうな棚を動かすのは大変だろうな。ずいぶん大胆にはみ出しているけれど、ここも店の敷地なのだろうか。お隣にも話をしているのかな。雨の日はどうするのだろう。

「郵便屋さんが〈雨が降ってきましたよ〉と言って、外の棚を一緒に片づけてくれた」

と別の古本屋の人が話していたのを思いだす。均一本の棚は、その店がご近所や町の人たちとどんなふうに関わっているかを表しているのかもしれない。

ある日、古本屋の集まりでたずねてみた。

「百円均一を二百円均一にするのってありでしょうか」

すると、思いがけず「うちは去年から二百円にした」「うちも」と声があがった。

「百円でも二百円でも、買う人にはたいして変わらないみたいよ」

「だからって売上が二倍になるわけでもないけど」

そうか、やってもいいのかなと思いつつ、いつものお客さんが「値上げしたの？　倍じゃない！」とがっかりする顔を思いうかべると踏みきれない。私自身、古本屋の百円の本にずいぶん助けられてきた。

年末に、近くのカフェの店主から連絡をもらった。移転してテイクアウト専門の店にするので、店内の本を片づけてほしいという。壁一面に大きな書棚があり、読書をしにくるお客さんも多い店だった。

年明けから作業を始めた。毎日店を開けるまえにカフェに寄って段ボール箱に本をつめ、台車にのせて店まで運ぶ。背の高いマガジンラックも譲りうけ、均一本コーナーで使うことにした。

引き取ったなかに『自分で仕立てる本』（文化出版局編集部編、文化出版局）という本があり、値づけをしながら少し読んだ。

伊藤昭さんというかたが「手づくり本のすすめ」という文章を寄せている。伊藤さんは稲垣足穂に傾倒していて、古本屋の二十円均一の棚で見つけた文学全集から足穂の作品だけをはずして自装本をつくり、蒐集家の知人に〈こんな本が見つかりました〉とそしらぬ顔で見せて驚かせたそうだ。このたのしいエピソードは次のように結ばれている。

〈むかしは、二十円均一だったこれらのガラクタ本にも、五十円均一とか、百円均一と、インフレ風が吹きそめてきたのは大変残念なことです〉

〈インフレ風〉という単語にどきっとした。この本が出たのは一九七六年だから、いまは二百円均一にしても許されるだろうけれど、やっぱり気が引ける。値上げはとうぶんできそうにない。

佐良浜の椅子

　朝、持っていく本に迷い、『ブルースだってただの唄』（藤本和子、ちくま文庫）を鞄に入れて那覇空港に向かった。離陸して、シートベルト着用サインが消えたかと思うとまたすぐに点灯して、五十五分で宮古空港につく。レンタカーで平良港のほうに向かい、伊良部《いらぶ》大橋を渡り、海沿いを走って佐良浜《さらはま》の集落にたどりついた。

　佐良浜港を通りすぎて坂をのぼりかけたところに宿がある。三年ぶりに来た。

　前回は一階の広間で泊り客たちと話して、伊良部島に来たのにシュノーケルもダイビングもしないの？　と驚かれた。お風呂あがりにはだしで床を踏み、知らない人とビールを飲んで、オーナーの弾く三線を聞いて、コロナ禍のいまとなっては考えられないほど無防備に過ごした。今日は私しかいない。

　オーナーは宮古の歌にひかれてここに移り住んだそうだ。廊下の棚に、宮古の古謡のドキュメンタリー『スケッチ・オブ・ミャーク』のＤＶＤが飾られている。パンフレットを開くと、監修の久保田麻琴さんがアメリカのブルースを引き合いに出しつつ宮古の歴史を語っている。さきほど機内で読みはじめた『ブルースだってただの唄』の続きを読むことにした。

北アメリカの黒人女性が、差別や貧しさや暴力にさらされながらどのように〈生きのび〉てきたか。著者は女性たちの語りに耳を傾け、聞きとったことばを新鮮な日本語に移しかえた。女性たちは体験を伝えることばを探り、お互いのことばを聞きあうことで、みずからの生をあらためて見いだしていくようだった。

翌朝、七時に起きる。まだ薄暗かったのが、顔を洗って着替えて外に出ると日がのぼっていた。

佐良浜港に行く。漁船が四隻、停泊している。ロータリーの近くに「佐良浜かつお漁100年記念碑」と「祝　佐良浜島建300年」の横断幕があった。一七二〇年に池間島から渡ってきた人たちがここで暮らしはじめて、去年でちょうど三百年。

港から集落を振り向いてみる。海岸をのぞむ急斜面に、コンクリートの四角い家がびっしりと建っている。二～三階建ての灰色がかった建物のなかに、ときどきピンクや水色の建物もある。すぐに漁に出られるよう、みなが海の近くに住みたがったのでこんなに密集したそうだ。

宿で見た本に、池間の人たちがここに住むようになったのは近くに井戸を見つけたからだと書かれていた。いわば佐良浜の始まりであるその井戸まで、歩いてみることにした。

何本もの長い階段が集落を縦に貫き、両側に家々が迫っている。コンクリートの階段をのぼっていくと、途中で砂利とコケに覆われた階段に合流した。段差も手すりの素材もバラバラだ。いったいだれが管理しているのだろう。

家と家のすきまを通りぬけ、車のすれ違えない細い道を歩く。ジグザグに入り組んだ路地を進んでいくとどちらから来たかわからなくなるけれど、下に降りれば海岸に出るから迷うことはない。

曲がり角や階段の踊り場に、ちょくちょく椅子が置かれている。ベンチ、パイプ椅子、ビールケースの上に板を渡したもの。どの椅子も海を望んでいる。

井戸に続く道の途中に空き地があった。ガランとした原っぱを囲んで、ここにも椅子がある。かびたウレタンの椅子。木に倒れかかるビーチチェア。板を貼りあわせた木のベンチ。ビールケース。野球やサッカーの練習を眺めるための椅子のようでもあるし、ここで祈りの歌を歌ったり祭祀を行ったりするようにも見える。

昨日の夜、オーナーに椅子の話を聞いた。ゲストハウスの前のデイゴの木の下に、近所のおばあさんたちが夫の漁船が戻るのを待ちながら座っていた椅子があるという。獲れ高によって旗の数などを変えるから、船を見ただけで夫が今日はどれくらい獲ったかわかるらしい。

「自分がここを始めたころはおばあが毎日集まっていて、島のいろんな話を教えてくれた。歌の神さまみたいな人もいた。いまはみんな足を悪くしたりして来なくなって、椅子もボロボロになった。もう一度きれいに直して、島の人と旅行の人が一緒に座れる椅子にしたい」

さっき宿を出たときに探したけれど、その椅子は見つけられなかった。

井戸の入口で案内板を読む。〈サバウツガー〉は昭和四十一年に簡易水道ができるまで、二百四十年以上も生活用水として利用されてきた。〈水汲みは女達の日課で、午前三時から一日三~四回一二三の階段を往復したという、生きるための過酷な歴史をもっている〉

深さは四・五メートルあるそうだ。崖の下に消えていく細くて不揃いな石段を見下ろしたら足がすくんだ。風も強くて、降りていけなかった。

ゲストハウスに戻るとオーナーが外にいたので、椅子を見せてほしいと頼んだ。道の向こう側の茂みに案内される。急勾配の崖っぷちに立つ柵に、赤くさびた鉄板が縛りつけられていた。座面は朽ちて半分も残っていない。

道に背を向け、まっすぐに海と港を見下ろす椅子。女性たちはここに腰かけてどんな話をしていたのか。どんな歌を歌ってきたのか。すぐ近くに住んでいる人たちに聞いてみたいと思いながら、私には訪ねていく勇気がない。せめて、井戸には降りたかった。

Ⅲ　それでもつづく市場の日々

二重のまち

土曜の夜、ブラジル料理店「Punga Ponga」で開催された『あんやたん　マチグヮー裏話上映』に出かける。「あんやたん」は「ああだった」、「マチグヮー」は市場のこと。戦後すぐの那覇の市場の様子や、牧志公設市場の人たちの遠足など、さまざまな映像が上映された。

「ちょっと」と客席から声があがると再生が止められ、

「店の外にカタカナで名前を書いた紙が貼ってあるでしょ、あれは選挙ポスター。保守と革新どっちも貼ってあげたんだね。市場の政治への影響力は大きかった」

「あれ、うしろにいるの肉屋のお母さんじゃない」

などと情報がもたらされる。

私が生まれるまえの、知らない人たちの動きや語り。それに心をひかれるのは、私も同じ場所で店を始めたからなのだろう。小銭をお菓子の缶にためておいて支払いが苦しいときだけ開けるとか、生まれたばかりの子どもを棚に寝かせてお客さんに見てもらっていたとか、ちょっとしたエピソードからその人の生活や人柄がかいま見えるのがうれしい。

木曜の昼、知人に店番を頼んで映画を観にいく。『二重のまち／交代地のうたを編む』。若者四人が岩手の陸前高田の人に話を聞き、それを自分で語りなおすというワークショップの記録だ。

二〇一一年の大津波のあと、かさ上げされた地面の上に新しい町がつくられていく。町の人たちは復興を願いながら、その下にあったかつての町と、そこにいた人に思いを寄せつづけている。花や川についてのなにげない話にも、さまざまな気持ちがにじんでいるように聞こえる。

外から来た人が、初対面の相手につらい体験を話してもらい、聞いた話を仲間やカメラのまえで語る。四人の感じた重圧は相当なものだっただろう。話してくれた人の意図を伝えられるか。大切なことをまちがえたり忘れたりしていないか。そもそも自分はどんな立場で語るのか。四人は悩み、言いよどみながら、町と人に向きあおうとする。

映画の製作者のひとりである瀬尾夏美さんの本『二重のまち／交代地のうた』（書肆侃侃房）には、「二重のまち」という短い物語が収められている。〈地面の下〉の町を想像したり、そこに留まっていたりする四人の人物のモノローグだ。

瀬尾さんはこの物語を携えてあちこちに出かけ、行く先々でそこの人や町の話を聞くことになった。物語に地名は出てこない。たとえば広島で「二重のまち」と言うと〈「それは広島の物語ですよね？」と尋ねられることが多い〉そうだ。原爆によって一度更地になったという歴史を、広島の人が強く意識しているからだ。

私は本のタイトルを見たとき、「二重のまち」は那覇のことだと思った。戦争で町の中心部が焼き尽くされ、終戦後、少し離れた川のまわりに闇市が立った。氾濫をくり返した川は暗渠化されて、上に「水上店舗」と呼ばれる建物が建てられた。

いま水上店舗で古本屋を営んでいる私は、下を流れる川にせり出して商売をしていた人たちのこと、さらにそのまえ、ここより西の町で市をひらいていた人たちのことを折にふれて考えてきた。建物の下には実はいまでも市場があって、人と商品が行きかっているのではないかと妄想したりもした。

店先で本を見ていたお客さんに声をかけられて、ふいに昔の話を聞かされることがある。気のきいた応答はできなくても、聞くことは相手の荷物を少しでも一緒に持つことになるのかもしれないと、この映画を観て思った。

だれかの思いや過去がひそむ「二重のまち」はあちこちにある。この場所で起きたことを知るほどに、町は立体的に見えてくる。私の古本屋も、昔の町や市場の姿を語りつぐための小さな場のひとつになれるといい。

市場の魔術師

　夕方、店に入ってきてしばらく棚を見ていた人がぱっとこちらを向いて、「サインをください」と鞄から本を出した。『那覇の市場で古本屋』だった。

「先週、人の紹介でこの本の編集者に会いました。私も沖縄のことをエッセイに書こうとしています」

　そう話しはじめたこの人は中国出身の作家で、長く北海道に住んでいるという。数週間前に沖縄に来たら気に入って、ここでなにか書いてみようとあちこち歩きまわっているそうだ。おもしろい場所はないかと聞かれて思いつくままに挙げた。

　二週間後、再び作家があらわれた。「最近はどうしていますか」と聞くと、「とても忙しい」と笑う。書きたいテーマが見つかり、大学の先生に相談するといろいろな人に引き合わせてくれ、資料もくれた。

「会って、読んで、ほんとに忙しい」

糸満であてもなくバスを降り、反対側の歩道を歩いている人を呼びとめたらそのまま平和祈念公園とひめゆりの塔に連れていってくれたとか、たまたま入った施設の受付の人と親しくなって、明日その人の家族と食事をすることになっているとか。

いくらでもエッセイが書けそうだなと思いながら聞いていると、「あなたはいまなにを書いているの?」と逆に聞かれた。そうですね、自分の店のある水上店舗や、店の向かいの牧志公設市場の建替のことをまとめたいけれど、どう書けばいいのかわからなくて。おずおずと話すうちに、相手は真顔になった。

「ここは書かれるべき場所です。エッセイではなく小説を書きなさい。歴史も生活も全部入れて、広くて深いものを。まずは風景をしっかり見て、店の人たちに話を聞いて、本を読みなさい」

ものを書く人のまっすぐな言葉が重く響いた。

先日、人にすすめられて『新橋パラダイス』(村岡俊也、文藝春秋)を読んだ。新橋駅東口の新橋駅前ビルと、西口のニュー新橋ビルで働く人たちの話を聞いて書かれたルポルタージュだ。

終戦直後の闇市を整理するようにマーケットが建てられ、それを壊して一九六六年に新橋駅前ビルが、七一年にニュー新橋ビルが完成した。二〇二一年現在、二つのビルには再開発に向けた動きがある。ビルが見せる〈戦後の猥雑さ〉や〈人間くささ〉に〈たまらなく惹かれ〉るという著者は、再開発に反対とは書かずとも、店の歴史や日常が失われ、土地の記憶が薄れていくことを惜しんでいる。

　那覇の市場も始まりは戦後の闇市だった。六五年に水上店舗が、七二年に牧志公設市場が建てられたから、新橋のビルとほぼ同じ時期だ。いまは公設市場が建替工事に入っている。

　新橋の店の狭さや店主のしぶとさが那覇に似ていると思ったり、その人にしか語れない言葉に圧倒されたりしながら読みすすめ、終わりの行にたどりついたとき、あとひとこと、と思った。職種も経歴もばらばらな人たちを結びつけるものが最後に欲しい。ここまでの語りがすとんとまとまる、魔法のような言葉が。ルポルタージュに求めるものではないと思いながらも、欲しい。

　そういえばあれもビルの話だったと思いだし、読みかけだった『歩道橋の魔術師』（呉明益《ごめいえき》、天野健太郎訳、白水社）を手にとった。舞台となる台湾の中華商場は台北駅から一キロにわたって連なる八棟の建物で、新橋よりも少し早い六一年に完工し、九二年に解体された。店と住まいが兼ねられていたのは新橋のビルと同じだ。

　小説を語るのは、七一年に商場の靴屋の子として生まれた人物で、著者を彷彿とさせる。語り手は子どものころの遊び仲間たちを訪ね、棟と棟をつなぐ歩道橋にいた魔術師について聞いてまわる。魔術師との不思議な思い出を語る人もいれば、魔術師の出てこない話をする人もいる。

最後の章で語り手はこの小説を俯瞰する。そのなかにこんな一節があった。

〈魔術師がいなければ、歩道橋はない。歩道橋がなければ、商場の八棟の建物はつながらない。つながらなければ、それはもはや商場ではない〉

その続きに〈物語は粘土のようなもので、記憶がないところに生まれる〉とあるのを読んで、自分がなぜルポルタージュにないものねだりをしたのか、わかった気がした。

ばらばらな記憶をつなぐ粘土、それが魔術師であり、建物であり、物語なのだ。私は、人々が支えあったり争ったりしながら大きな建物で月日を重ねていく物語を読みたかった。そして、自分のいる場所の歴史や生活をつなぎあわせるヒントを得たかった。

現実で人々をつなぐのが建物なら、本のなかで記憶の断片をつなぐのはなにか。中国の作家に言われた「エッセイではなく小説」という言葉を思いだす。魔術師という虚構の存在が、建物の記憶を小説に仕立てあげた。那覇の市場の魔術師、私にとっての粘土とはなんだろう。いつか店にあらわれるだろうか。

ホタル、花壇、逃亡犯

四月の終わり、店に来たHさんに、ホタルを見にいこうと誘われた。

「あのガソリンスタンドのところ？」

「そう。行ったことある？」

「まえにJさんに連れていってもらったけど。いまもいるのかな」

「いるよ。私は毎年見にいってる」

那覇でホタルといえば首里の末吉公園が有名だけど、実はこのあたりにもいるので見にいきましょう、とJさんに誘われて出かけたのは六年前（二〇一五年）の五月だった。

商店街に集合して県道に出て、ガソリンスタンドの角から路地に入った。住宅街を歩いていくと、両側を高い塀に挟まれた細道に出た。土のまま舗装されていない真っ暗な道に立ち、ここにホタルが来るのかとドキドキしていたら、「街灯を消します」とJさんが言った。

「え、消す？　いいんですか」

とまどう私をよそに、Ｊさんは街灯の支柱に取りつけられた木箱のカバーを持ちあげてスイッチを切った。真っ暗だと思っていた細道が真っ黒になり、同時に白い光があちこちに浮かびあがった。

「！」

視界が一瞬でホタルだらけになる。いったいどこからあらわれたのか。いや、はじめからここにいたのに見えなかったのだ。ホタルは平気で近づいてきて腕や肩にとまり、私はされるがまま。やがて街灯をつけると白い光は消えた。見えないだけでまだ光っていたはずだけれど。

塀の向こうは大きなお屋敷で、両側の二軒とも人が住んでいないという。あいだの細道と一緒に町から忘れ去られているようだ。きっとじきにマンションが建ったり駐車場になったりしてホタルはいなくなるのだろうと思いながら帰った。まさか、六年たってもそのままなんて。

十九時にローソンでＨさんと待ち合わせて、同じルートを通って細道に立つ。Ｈさんが慣れた手つきでスイッチを消すと、まるい光が次々に見えてきた。

まえに出会った個体から何代目の命なのだろう。すーっと線を引くように飛ぶのがオキナワスジボタルで、ピカピカ点滅するのがクロイワボタルだとＨさんが教えてくれた。

細く曲がりくねった道に、お屋敷は変わらず壁を向けている。道にそっぽを向いて立つ家並みは〈暗渠サイン〉であると本に書かれていたのを思いだした。六年前には気づかなかったけれど、この下には川が流れているのかもしれない。

それにしても、この街灯はだれが電気代を払っているのだろう。これも六年前には考えもしなかったことだ。

商店街の活動に関わるにつれ、公共の場所における照明の重要さがわかってきた。家や店がおのおの電気をつけているだけでは夜は暗いので、行政や自治会があかりを管理する。

マチグヮーで店を始めたある人は、自分の店は街灯がつくまえに閉めるから共益費は払わないと言いはって、通り会の会長が何度も説得に通った（この人はやがて店をやめた）。アーケードを照明ごと撤去した商店街は、「昼間は明るくなったけど夜は暗くてこわい」という周辺住民からの声を受けて、街灯の設置を検討しているそうだ。商品をよく見せるためだけでなく、地域の安全のためにも明るさは必要だ。

津村記久子さんの小説『つまらない住宅地のすべての家』（双葉社）は、刑務所から脱走した逃亡犯が自分の住む住宅地に向かっていると知って、住人のひとりが見張りをしようと思いつくところから始まる。住宅地の十軒の家の住人たちがほぼ均等に書かれるなかで、ひときわ存在感を放つのが長谷川家だ。

住人たちはそれぞれに長谷川家について語る。隣と裏手の三棟をつなげた大きな家に三世代が暮らす大家族である、大量のプランターと花壇を道まで並べている、ゴミ袋を毎朝隣の家にはみ出させて置く、家族が言い争う声が外まで聞こえる、など。

だれもが口にするのは、その暗さだ。門灯も玄関灯もつけず、カーテンと雨戸を閉めきって、あかりをいっさい外に漏らさない。特に長谷川家と倉庫が向かいあう部分の道路が真っ暗で、まわりの人はそこを〈長谷川家の暗闇〉〈暗いところ〉などと呼んで通らないようにしたり、逆に塾帰りに立ちどまって友だちとしゃべったりしていた。

逃亡犯の道行きを決定づけたのは、この〈長谷川家の暗闇〉だった。読みながら、暗いのは防犯上よくないのだなあと納得しつつ、隠れられる暗闇がある安心感も覚えた。中学生たちがそこで話しこむ気持ちもわかる。

長谷川家の暗闇のほか、ある家の三階のベランダに干されていた洗濯物、ある家の庭の離れなど、逃亡犯に利用されたのはどれもその家の秘密に関わるものだった。他人に知られたくない秘密を外に出しておくというのは不思議なようでも、自分の目につかないところに片づけようと無意識に外に追いやっているのかもしれない。この本を読んでからは、よその家の玄関灯や洗濯物やプランターを見てあれこれ想像してしまう。

家と家のあいだ、家と外のあいだには、さまざまなものが入りこむ。ホタル、花壇、逃亡犯。いいものばかりではないけれど、そんな「あいだ」はどうしても必要なのだと思う。夜もすみずみまで照らされて明るい町は、住みにくいはずだ。

屋根のあるところ

町を歩いていると、しばしば歩道に屋根があらわれる。

たとえば建物の工事をするとき、安全対策として歩道に仮設の屋根がかけられる。パイプに板を何枚かわたしただけの簡単なもので、工事が終わると撤去される。

県庁前のバス停は去年（二〇二〇年）改装されて、ベンチの上に白い屋根がついた。泊港では、フェリー乗り場に向かう歩道を細い屋根が覆っている。うねうねと曲がりくねる道を、屋根も曲がって追いかける。

歩道だけでなく、広場にも屋根がある。県庁前広場の立派な屋根の下は観光客の休憩所になっている。公園の東屋では、お弁当を食べる人たちや昼寝するタクシー運転手を見かける。民家の敷地の屋根の下には車がとまっている。

どんな許可をとってだれがつくって管理している屋根なのか、想像しながら写真を撮る。商店街のアーケードの再整備に関わるようになってから屋根状のものが目につきはじめ、なにかのヒントになればと思って記録している。

アーケードの新設にあたっては、「アーケードの取扱について」という国土交通省が昭和三十年に出した通達がいまでも参照される。通達の書きだしは、〈アーケードの設置は、防火、交通及び衛生上の弊害を伴うものであるから、抑制の方針をとること〉。はじめから「できるだけつくらないように」と言っているのだ。設置には厳しい条件が課され、関係者との調整と莫大な費用が必要になる。

パリのアーケード（パサージュ）は、王様や資本家がつくった。自分の土地に人を呼び寄せるために、屋根つきの歩道と建物からなるショッピングモールを建てて、華やかさを競いあった。商店街の店主たちがお金を出しあってつくる日本のアーケードとは成り立ちが違う。

那覇の商店街を歩くのがたのしいのは、ドアがなくて屋根があるからだと思う。ほとんどの店にとびらがなく、みんな店のまえの道路に商品をはみ出させているので、各店の商品が途切れなく並び、通りをにぎやかにしている。商品のうしろには店主の顔が見え、会話も聞こえる。そして通りを覆うアーケードが一体感を生みだす。

私は店の外に椅子を出して、商品だけでなく自分まではみ出し、下は道路なのに室内のように過ごしている。ここを室内とは呼べなくても、戸内、屋内ならどうだろう。「戸」がドアなら「屋」は屋根だ。アーケードの中は屋内なのか？

ともあれ路上なので、当然ながら靴をはいている。ここ数年は毎日KEEN《キーン》の靴だ。サンダルとスニーカーのあいだのようなデザインで、歩きやすく通気性もいい。

あるときKEENのサイトを見たら、〈「屋根のないところすべて」を愛するライフスタイルのために生まれたブランド〉という文言が出てきた。屋根のないところすべて。「アウトドア」という言葉が示すように内と外を分けるのはドアだと思っていたので、この定義は新鮮だった。私が座っている路上はアウトドアのつもりでいたけれど、屋根はあるからKEENのコンセプトとは違うのかしら、と少し不安になった。

確かに、家や建物に必要なのはドアよりもまず屋根かもしれない。戦後の闇市に関する本には、露天に品物を並べた青空市場で、商品の上に傘やパラソルが広げられていたことがよく書かれている。

KEENは災害にあった人や家のない人たちに靴を贈る活動を続けているという。雑誌『ビッグイシュー』を販売するホームレスの人が「毎日歩きまわっても一年は持つ！」とよろこんだという記事を読んで、靴が一年しか持たない暮らしの厳しさを感じた。

先日、人に「屋根のある場所はありませんか」と聞かれた。お酒を飲みながら人と話したいのだけれど、いま沖縄の飲食店は新型コロナウイルスの流行のために酒類の提供が禁止されているので、外で飲むしかない。会う日は雨が降りそうなので、東屋のある公園や海辺をまわってみると、どこも「飲酒禁止」と貼紙がされているという。

話を聞きながら、屋根はみんなだれかの持ちものなのだなと思う。ふだんは開放されていても、所有者の意向によって急に使えなくなることもある。外にはいつでもだれでもいられる場所がない。

「ステイホーム」を呼びかけられるようになってから、近くの商店街のシャッターのまえに座って過ごす人の姿が目立つようになった。それまでどこにいた人たちなのか。店のシャッターには「飲酒禁止」と「座込禁止」の貼紙がある。空き缶を捨てられたり大きな声を出されたりしたら困るけれど、座るくらいなら、とも思ってしまう。

建替工事中の牧志公設市場のまえにはいまベンチと台が置かれていて、いろいろな人が座っているのが店番しながら見える。

新しい公設市場と新しいアーケードが完成したあとも、できるだけそういうスペースを確保したい。いつでもだれでもいられる場所が欲しい。

地層が見たい

水上店舗の文献を探しているという学生が店に来た。県外の建築学科に通っていて、沖縄出身だと先生に話したら「那覇の水上店舗を調べなさい」と命じられたそうだ。

「図面は残っていないし、壁の厚みはバラバラだし、角は直角じゃないし。家主さんに屋上に入れてもらって柱の間隔を測っているんですけど、だれが管理しているのかわからない区画もあります」

苦労を語りながらもどこか楽しそうだ。

「とにかくできる範囲で測量して、３Ｄプリンタで模型をつくります」

「ああ、それはぜひ見せてください」

この建物と空間には、商売人たちが奮闘してきた時間が詰まっている。建物の下にある暗渠も、上にあるアーケードも、ここで商売を続けるためにみなが知恵とお金を出しあってつくった。

戦後、川のまわりに集まって商売を始めた人たちが、浸水を防ごうと川にふたをして建物を建てた。復帰後、近くに出店してきたダイエーに対抗するため、雨の日でも買いものができるようにアーケードを建てた。頭上と足もとに何層にも重なった構造をありありとイメージできたら、この場所の歴史を体で感じられるのではないだろうか。3Dの模型は助けになるはず。

アーケードの再整備の活動を始めたころ、完成予想図を描こうという話が出た。ふと「どこから見て描けばいいんでしょうか」と口にすると、みんな考えこんでしまった。

市場中央通りのアーケードの両側にはアーケードよりも高い建物が立っているので、離れたところからは見えない＝描けない。ではアーケードの下に視点を置くとなったら、国際通りのほうを向くのか、農連市場のほうを向くのか。当然、背後にあるものは描けない。アーケードを見上げる構図だと、アーケードの屋根の上は描けない。空からアーケードを見下ろすと、その下にある私たちの店は描けない。どこからも俯瞰できないところがこの商店街の魅力であり、不可解さでもある。もし3Dプリンタで商店街全体の模型をつくれるなら、いろいろな角度から覗きこみたい。触ってもみたい。

『目の見えない人は世界をどう見ているのか』（伊藤亜紗、光文社新書）に、全盲の子どもが粘土で壺をつくり、内側に細工を施しはじめたというエピソードが紹介されていた。目の見える人なら、細工は外側に施すだろう。情報のほとんどを視覚から得ており、空間を自分の視点からとらえるからだ。目の見えない人はものの配置や関係によって空間を把握していて、外も内も等価に〈見て〉いると著者はいう。

視点をもたなければ、アーケードと建物と川の関係をきれいに認識することができるのだろうか。または、水上店舗が建つまえ、人々が川にせり出すように小屋をつくって商売していた姿と、現在の姿を重ねてイメージすることもできるのだろうか。

空間を知覚する手がかりを探したくて、『地図趣味。』（杉浦貴美子、洋泉社）を手にとった。地図や地形に魅せられた著者は、模型のかわりにお菓子をつくる。クレープを等高線状に切って重ねた「等高線ケーキ」や、四色のグミを東京の十七区のかたちにくり抜いて並べた「四色定理グミ」。どれもプロ級の腕前で、レシピを見たってとても真似できない。〈手を動かすことで成り立ちをより深く理解できることもありました〉という一文に、手を動かせる人はいいな、と嫉妬した。

商店街を三次元で把握したいのに、不器用すぎてできない。さらに致命的なことに、私はひどい方向音痴でもある。出発前に地図を何度も見て、交差点の名前を覚え、ストリートビューで道中の風景を予習していても道に迷う。空間を知覚する力が人より劣っているのに、複雑な商店街を体感したいなんて身のほど知らずなのかもしれない。

伊藤亜紗さんの本に、目の見えない人と一緒に坂道を下りていたら、相手に坂道を〈山の斜面〉だと言われて驚いたというくだりがある。見えない人は〈俯瞰的で空間全体をとらえるイメージ〉を持っているけれど、見える人がそのようなイメージを持つのは難しいと。これを、写真家の大山顕さんは〈そんなことはない〉ときっぱり否定する。〈ぼくや同好の士の友人たちはみんなやっている〉（『新写真論　スマホと顔』ゲンロン叢書）。いいですね……と、また嫉妬する。

続けて大山さんは日本橋の景観について書く。日本橋上空を走る首都高は景観を損なっているると言われるけれど、そう感じる人は〈視覚に頼りすぎていると思う〉。川の上に日本橋が、その上に首都高が架かり、地下に銀座線が走り、川の底に焼け落ちた木造の日本橋がある。〈その地層がぼくには「見える」。だから素敵だと思う〉。

ここを読んで、嫉妬を通りこして心を強くうたれた。隠れたもの、昔のものを〈見る〉ことができるなんて。私も見たい。

大山さんの言うように視覚ではなく〈知〉によって風景を見ることができるのなら、素質がないとあきらめずに挑戦しつづけたい。水上店舗に折り重なった〈地層〉が見たい。どうしてこんなに切望しているのかわからないけれど、どうしても見たいのだ。

日傘が守るもの

歯医者の定期検診に行くため、今年（二〇二一年）初めて日傘をさした。七月なかばのこと。ふだんはアーケードの下を歩きまわるか車に乗るかでめったに太陽の下を歩かないし、今年はほとんど家のなかにいる（五月から九月まで緊急事態宣言が出ていた）。

玄関で広げた瞬間、傘の骨が折れていることに気がついた。そうだった、去年最後にさしたとき、強風にあおられて一本折れてしまったのだった。外から見ると、そこだけ布の曲線が削られてガクンと角ばっている。恥ずかしいけれど隠しようもなく、くるくる回してごまかしながら歩いていった。

国際通りを進む。牧志公設市場周辺の商店街はアーケードに覆われているのに、国際通りにはアーケードがない。去年の六月、「空高く風吹き抜ける国際通りは野外商店街です。」と書かれたのぼりが通りのあちこちにはためいていた。感染対策としての換気のアピールとともに、自分たちはほかの商店街とは違うという誇りも感じられた。戦後、国際通りは「奇跡の一マイル」としていち早く復興した。

検診のあと、デパートリウボウに寄る。国際通りのまんなかにあった沖縄三越が二〇一四年に閉店して、デパートリウボウは沖縄唯一の百貨店となった。

一階の日傘の売場をのぞく。値段はだいたい八千円。厳しい。「おつとめ品」コーナーを見つけて、三千円のを買った。傘はいつも商店街の傘屋さんで買うけれど、今日はなんとなくデパートで日傘を買ってみたかった。

ＩＮＡＸ出版の『傘　和傘・パラソル・アンブレラ』によると、明治四十年に〈三越本店が鞄や履きものとともに洋傘の販売を開始した〉。公務員の初任給の四分の一前後という高価なものだったそうだ。大正二年には高島屋が新聞半ページを使って〈今年の流行の〉洋傘の広告を打っており、〈しだいに洋傘がファッションのアイテムとして重要な位置を占めていったことがわかる〉。ここでの洋傘は雨傘ではなく、日傘だったようだ。日傘はデパートで扱うにふさわしいアクセサリーであり、贅沢品だった。いまでも日傘をさしている人は優雅に見える。荷物の重さをいとわない余裕や、表に出すぎない品のよさを感じる。

といいつつ、沖縄において日傘は贅沢品ではなく必需品だ。沖縄の年間の紫外線量は北海道の二倍といわれる。夏の気温は他県より低いとしても、焼けつく日ざしとひどい湿気で、体感温度はずいぶん上がる。日傘で日ざしをさえぎるだけで、気分もだいぶらくになる。

冬に日傘をさす人も珍しくない。健康のためか、美容のためか。パーカーとレギンスで腕も脚も隠したり、サンバイザーとサングラスとマスクで顔を覆いつくしたりして、本気で日よけをしている。

初めて会う人に「あなた、内地の人でしょう。色が白いもの」と言われたことが何度かある。なんと返せばいいか、困った。

「白くないですよ、ふつうです」「これでも日焼けしちゃって」「白くないのもすてきです」どう答えても最悪だ。できれば肌の色の話はしたくない。だから日傘のこともあんまり聞けない。

古い那覇の市場の写真には日傘や日よけが写っている。戦前の市場では、露天商たちが商品と自分の上に和傘をかざし、お客さんは日傘をさしている。戦後、まだアーケードのかかっていない商店街の店の軒先には布のひさしが張りだされ、歩く人もかなりの割合で日傘をさしている。

新しい日傘をさして国際通りを帰っていたら、日傘をさしていない人が妙に目についた。こんなに日ざしがきついのに素肌をさらして、無防備すぎるんじゃないか。自分だって昨日までさしていなかったくせに、急に気になってしまう。去年の二月にマスクをつけ始めたころの気分を思いだした。

〈傘は、差すことで環境を分離し、その内部／外部を作り出すという点で、衣服やバッグなどよりも建築的な装置である。〉（『石川初　ランドスケール・ブック――地上へのまなざし』ＬＩＸＩＬ出版）

内と外をくっきりと分けるのが傘だ。これは雨の日よりも晴れの日にきわだつ。まわりが傘をさしていなくても、自分だけ傘に閉じこもる。だれかと一緒に歩くとき、自分だけが日傘の陰にいる。どうも気まずいけれど、相合傘をするには日傘は小さすぎる。

「客より売り手のほうが強い」と言われた戦前の那覇の市場では、露天商は自分と商品の上だけに和傘を広げていた。商人たちが守りたいのはお客さんではなかった。戦後、アーケードができて初めて、店の人と商品とお客さんがひとしく守られるようになった。

日傘をさすと、他人と距離をとることができる。会いたくない人が向こうから来たら顔を隠すこともできる。心身ともにソーシャル・ディスタンスが保てるのだ。顔やからだをむきだしにして歩くことは、もうできないかもしれない。

町の記憶

　しばらく休業していて、そのまま営業再開せずに閉店してしまう。去年（二〇二〇年）から、那覇のあちこちでそんな店を見かけるようになった。看板がはずされると、そこになにがあったか思いだせなくなってしまう。

　ごくまれに、閉まったあとも存在感を発揮しつづける店がある。最近だと国際通りの三越だ。国際通りのまんなかにあった沖縄三越は二〇一四年に閉店し、そのあと何度か建物の運営会社が入れ替わり、いまは飲食店街になっている。建物のまえにあるバス停の名前はいつのまにか「三越前」から「てんぶす前」に変わっていて、最初どこのことかわからなかった（「てんぶす那覇」は三越の向かいにある）。それでもいまだに「三越の隣に」とか言ってしまうし、だれも「三越はもうないよ」とは言わない。

　私の店のななめ向かいにあった琉球銀行牧志市場出張所は、今年の二月に閉店した。いままでもしばしば「銀行、今日は休み？」と聞かれる。

「閉店しました」
「え、本当？　じゃあ、ほかに近いのはどこ？」
最寄りは国際通りのホテルＪＡＬシティ那覇の隣にある松尾支店だ。でも、ＪＡＬシティと言われてぴんと来ない人も多い。近くの宝石屋さんは「山形屋のところよ」と説明していた。ホテルが建つまえは、そこに沖縄山形屋というデパートがあった。閉店したのは一九九九年で、私は見たことがない。それでも宝石屋さんにならって「山形屋のところです」と言ってみるようになった。

山形屋の時代を知らないくせに、知っているかのように話すことに、はじめは抵抗があった。でも、このほうが通じる。もし相手が知らなければ「あそこにあったそうですよ」と言えばいい。自分が直接は知らなくても、人から教えられたことをかわりに語ってもいいのではないか。那覇に生まれ育った人も移り住んだ人も、町の記憶を分かちあい、持ちつづけて、次の世代に伝えていけば。

国際通りからジュンク堂書店那覇店（かつてのダイエー那覇店＝「ダイナハ」）に向かう通りは、七七年まで沖映本館という映画館があったことから「沖映通り」と呼ばれている。この通りにあったバンボシュというレストランが、二月末に閉店した。焼肉やお寿司のバイキングの店で、私は一度しか行ったことがなかったけれど、地元の人たちから「部活の大会の打ち上げで行った」とか「卒業パーティーをした」といった思い出話を聞かされて、みんなの大切な場所なんだということは知っていた。

八月なかばに通ったらバンボシュは解体工事中で、建物は瓦礫になっていた。私なりにショックを受けてSNSに写真をあげると、知らない人が「中学生のとき、カツアゲされた場所だ！」とコメントをしてくれて、つい笑ってしまった。日曜日や放課後、国際通りに遊びにいってカツアゲにあった、というエピソードは何人もの人から聞いたことがある。沖映通りにもいたんだ。最後の最後に新しい思い出を教えてもらえた気がした。もちろん笑うことではないけれど、那覇の記憶のひとつとして、私も覚えておく。

時間の遠近

お客さんから本を買い取るとき、どんな本が出てくるか見当もつかないので、いつもワクワクする。古びた茶色い本も、出たばかりのピカピカした本も、それぞれにうれしい。

奥付を開かなくても、装丁や帯を見れば出版された時期はなんとなくわかる。といいつつ最近は、ひっくり返して裏表紙を見たときに「え、13桁か」と意外に思うことが増えた。バーコードの横に小さな文字で書かれている、ＩＳＢＮコードの桁数のことだ。

ＩＳＢＮ＝International Standard Book Number＝国際標準図書番号は、本のタイトルごとに割り振られていて、数字だけでどの国のどの出版社のどの本か特定できる。

私が新刊書店で働いていたある年の終わりに、「来年からＩＳＢＮが13桁に変わる」と知らされた。それまでは４（日本の国記号）で始まる10桁だったのを、先頭に「９７８」をつけて13桁にするという。そんな大がかりな変更ができるものなのか。出版社はカバーやスリップの刷り直しが大変だろうと案じた。書店で使っていたレジのシステムも、確かこのタイミングで一新された。

「来年から変わる」と言われても、膨大な数の本のカバーをいっせいに修正するのは無理なので、新刊のＩＳＢＮの表記は13桁、既刊は10桁のままという二重体制がしばらく続いた（いまだに10桁で表記された本も流通しているはず）。だからカバーに13桁のＩＳＢＮが印字されていると、出たばかりの本だと判断してきた。

しかし、最近は古そうに見える本にも13桁のコードがついている。ＩＳＢＮはいつ13桁になったのだろう。調べたら、二〇〇七年からだった。そのころ出た本を「出たばかり」と言うのは、もう無理なのかもしれない。

本のカバーやスリップに印刷された数字といえば、もっと頻繁に変更されてきたものがある。定価の表記だ。

一九八九年に消費税が導入されて３％の税が課されるようになったときは、ＩＳＢＮコードのあとに税込価格が「Ｐ」で表記された。九七年に消費税が５％に上がると、これ以上シール貼りやカバーの取りかえをしなくてすむよう、本体価格を「¥」で表示するようになった。消費税は二〇一四年に８％、一九年に10％となり、二一年四月には、しばらく免除されていた書籍の総額表示が再び義務づけられた。最近の新刊を見ると、スリップの一番上にごく小さな字で税込価格が書かれている。

消費税が8％に上がったとき、私はひとりで古本屋をやっていて、いくつかの出版社から新刊も仕入れていた。いつも本体価格から5％の税込価格を暗算していたけれど、8％の計算は難しかった。しかたなくスリップ一枚ずつに税込価格を書きこんだのに、じきに10％に上がってしまった。

古本屋には、さまざまな時代の本が集まってくる。税込価格が「P」で表示された本を見つけるとしみじみする（「P」は八九年から八年間しか使われなかったので、めったに見ない）。店の在庫には消費税導入前の本も多いし、おそらく半分以上の本にはバーコードもISBNもついていない。復帰前の沖縄で出版されたドル表記の本もある。ついでにいえば、郵便番号の枠が5桁のハガキやJRのオレンジカードがページのあいだに挟まっていることもある。いつ変わったのか、いつ使われなくなったのか。ふり返ることもないままに、時間の遠近感を見失っていく。

ただし、こういう公的な変化が起きた日付はすぐに調べられる。検索して何年何月何日と出てくれれば、そのころ自分がなにをしていたか、どう感じたか、時代に重ねて思いだすことができる。

小さな店が閉まった日や、建物が壊された日などは、あとから知ろうとしても難しい。本人や関係者が記録して公開していなければまずわからないし、当事者さえ忘れていることもある。自分の記憶から割りだそうと努めても、だいたい辻褄が合わない。

二〇二一年十一月に自分の店が十周年を迎えるとき、黙って通りすぎたい気もした。人に無理やり「おめでとう」と言わせたくはない。一日ずつ淡々と開けて、気づいたら二十年、三十年たっていたというほうがかっこいい。

でも、身近な人たちに「もうすぐ十周年なんです」と話すうちに考えが変わってきた。相手が感慨を語ってくれたり、記念の企画を一緒に考えてくれたりするのを聞いていると、私だけの十周年ではないのだと思うようになった。

店を続けてこられたのは、お客さんと、助けてくれた人たちのおかげだ。十年たちましたと報告することで、その人たちもこの十年をふり返るかもしれない。ＩＳＢＮや消費税の変遷が、私の仕事の作業や遍歴を思いださせたように。

自分の店が自分だけのものではなくなっていく、そんな十年間だった。

消えたパラソル

二〇二二年。年明け二日だけ営業して、「まん延防止等重点措置」のために、またも店をしばらく休業することになった。この二年間で何度めなのか、もはや数える気にもなれない。納品や精算に来てくれるはずだった人に連絡をとり、別の場所で会うことにする。

まずは店の近くの喫茶店でIさんと待ちあわせた。那覇に二十年近く住んでいるIさんは、市場周辺をくまなく歩いて古い地図と見比べては、消えた地名や昔あった店の痕跡を探している。そんな市場通のIさんだから、この喫茶店には何度も来たことがあるだろうと思っていたら、今日が初めてだという。

「いつも前を通ってはいるんだけど。ここ、店の外にオウムがいたよね。どこに行ったのかな」

入ったことがないのに、よく見ている。オウムは二年前の夏にゲージごといなくなった（かわりに換気のいいテラス席ができた）。

「ふだんはどこの喫茶店に行くんですか」

「そもそも喫茶店に入らない。コーヒーはあまり好きじゃないし、家で緑茶を飲む」

意外な答えだった。Iさんはいろいろなお店を知っているから、喫茶店にも詳しいのかと思っていた。家も近いし、疲れたら帰ればいいのか。

出版社の営業のTさんとは、かつて何度か一緒に入った喫茶店に数年ぶりに行くことにした。市場の近くまで車で迎えに来てもらう。喫茶店の駐車場だった空き地にはマンションが立っていた。

「チョコレートケーキとコーヒーふたつ」

席に着くなりTさんが注文すると、「ケーキはもうやってないんです」と店の人が申し訳なさそうに言う。数年でいろいろなことが変わる。

「あーあ。喫茶店に甘いものがないなんて」

嘆くのを聞いて、ふと「ひとりで喫茶店で過ごすことはありますか」とたずねると、「ないね」と即答された。納品と精算のため、月に一度は沖縄本島の北から南まで車でめぐるそうだけれど、途中で一服しないのだろうか。

「喫茶店に行くとしたら、夏にぜんざい（沖縄ぜんざい＝かき氷）を食べるときくらいかな。それもあっというまにかきこんで、十分くらいで出る。ふだんはコンビニでメロンパンと小さいパックの牛乳を買って、車のなかで食べる」

Tさんはよく、出先で見かけた花や海の写真を送ってくれる。車を飛ばしていても、見るべきものを見つけてまめに止まっているんだといつも感心する。

町を歩いて道や看板を観察するIさんと、仕事で運転しつつ各地の風景に目をとめるTさん。ふたりとも動きながらなにかを見いだす人だから、喫茶店で休みたいとは思わないのかもしれない。

私はふだん自分の店にじっと座っている。店が休みの日は喫茶店に入って座っている。自分は動かずに、まわりが動くのを見ているのが好きだ。だから家で座っていてもつまらない。

本を読むとかぼーっとするとかなら喫茶店でいいけれど、電話やＺｏｏｍでだれかと話すとき、またはマスクをはずしていたいときは、ほかの場所を探す。公園の東屋や、公共施設の吹き抜けのベンチなど。屋根があり、換気がよく、椅子があることが条件だ。

その条件を満たす場所が、自分の店のすぐ裏手にあった。建物と建物のあいだの小道にコンクリートのパラソルとテーブルと椅子が七セット並んでいて、パラソル通りと呼ばれていた。色とりどりに塗られたパラソルの下でときどきお弁当を食べたり、人と話したりした。知り合いの大学の先生に「今日オンラインで講義をするんだけど、このあたりに座れるところない？」と聞かれて、ここをすすめたこともある（本当にパラソルの下で講義をしていた）。

二年ほど前からあまり使わなくなったのは、ここに入りびたる人たちがあらわれたからだ。一日じゅうお酒を飲んでいて、近づきにくい。商店街や市役所の人が注意しても状況はよくならなかった。ほかの事情も重なって、ついにパラソルは撤去されることになった。

野良猫みたいな人たちだよね、とある店主は言った。

「パラソル通りを追いだされても、てんぶす那覇とか、のうれんプラザとか、よそに行くだけだよ。家があっても出てきちゃうんだもの」

それを聞いてギクリとした。てんぶす那覇も、のうれんプラザも、私がたまに行ってしばらく座っている場所だから。私も野良猫だったんだ。

店主の立場としては、自分の店の近くで飲酒されたり騒がれたりしたくない。でも、私が年をとって店をやめて喫茶店に行くお金がなくなり、なおかつ家にいたくなかったら、外に出て座れる場所を探すだろう。そこに先客がいてお酒を飲んでいたら、一緒に飲むかもしれない。

Iさんのように歩きつづければ、Tさんのように車で走っていれば、あるいは家でじっとしていれば、だれにも迷惑をかけないのだろうか。動きたくなくて家にいたくなくてお金もない私が、座って休める椅子はどこにもないのか。自分の居場所を守れなかったような、複雑な思いが残る。

待たせてほしい

店にポストをつけた。開店して十年たつのに、ずっとなかった。

店番中、私は路上に座っているので、ハガキも小包も配達員さんから手渡しで受けとる。店を休んでもせいぜい数日だったし、薄いものならシャッターのすきまにさしこんでくれるので、ポストがなくても困らなかった。

それが、二〇二〇年の春から「自粛」だの「不要不急」だのと言われて店を閉めることが増え、道ですれちがった配達員さんに「投函できないお荷物がたまっているのですが」と呼びとめられたりした。それでも二年間ごまかして、年明けにようやくポストを買った。

私は店を開けてお客さんを待ちながら、手紙や荷物も待っていたのだった。これからはポストが待っていてくれる。

二一年の春、店のすぐ近くにあった郵便局の支店が閉店した。ほとんど毎日ここから本を発送していたのでショックが大きかった。かわりに集荷に来てくれるようになったのはありがたいものの、融通がきかない。

集荷は事前に頼まねばならず、時間帯も限られる。局員さんを待ちながら、立場が逆になったなと思う。郵便局の支店には、思い立ったらいつでも行けた。そこで局員さんが待っていてくれた。いまは客である私が局員さんを待っている。

店は待つのが仕事なのだと、この二年間でつくづく感じた。まえを通る人がその気になればすぐに入ってこられるように、ずっと開けておく。通行人がお客さんになる瞬間を待っている。休業中も通販はしていて、常連のお客さんと待ちあわせて注文品を受け渡すこともあるけれど、それは店の仕事のごく一部を切り取っただけだという気がする。

特に、町の本屋は不特定多数の人を相手にしている。顧客の求める本をピンポイントで売るだけならそのつど仕入れればすむので、大量の在庫を持つ必要はない。だれが買うのかわからない本を棚いっぱいに並べるのは、だれかわからない人を待っているからだ。人が本屋で待ちあわせをするように、店主も本屋で人を待っている。

ここで本屋を始めたころ、店にいても落ち着かず、まわりの店主たちはなにをしているのだろうと見わたした。テレビを見る人、お客さんとお茶を飲む人、商品にはたきをかける人。ただ座っている人も多かった。なにもしていないようでも、店にいる限りはお客さんを待っていることになる。店が、座っていることに意味をくれる。ものぐさな私に向いていると思った。

いまも市場の店主たちは毎日店を開けている。でも、「だれも来ない」と夕方には閉めてしまう。こんなに人の歩いていない市場の姿を、十年前には想像することもできなかった。いつかだれかが来るからこそ待っていられたのだと、そんなあたりまえのことも痛感した。私も早くまた店を開けたい。だれかを待たせてほしい。

究極の郷土出版

沖縄本島最北端にある辺戸岬に、大きな石碑が立っている。台座の案内板に碑文が記され、その上に「祖国復帰闘争碑」と刻まれた石がある。「祖国復帰記念碑」ではなく、「祖国復帰闘争碑」。

沖縄県祖国復帰協議会が碑を建てたのは一九七六年四月二十八日。一九五二年四月二十八日、サンフランシスコ講和条約によって沖縄が日本から切り離されたために、この日は「屈辱の日」と呼ばれる。七二年に沖縄が日本に復帰しても、米軍は依然として沖縄に居座っている。碑文はそのことを嘆き、〈闘いをふり返り　大衆を信じ合い　自らの力を確め合い決意を新たにし合うためにこそ〉この碑がある、と述べる。

十年ほど前に初めて辺戸岬を訪れたときに碑を見つけて、熱い文章に圧倒された。黒々とした案内板に刻まれた文字はくっきりと読みやすく、三十年以上前につくられたものとは思えなかった。

海の向こうには与論島が見える。奄美群島は沖縄に先駆けて一九五三年に復帰し、与論島と辺戸岬のあいだの北緯二七度線が国境になった。

今年（二〇二二年）五月十五日、沖縄が復帰五十年を迎えた日にＳＮＳで碑の写真を見て、ふと地元紙を調べてみた。この数年、「祖国復帰闘争碑」はたびたび記事になっている。復帰運動に尽力した中頭青年団ＯＢ会が刻字を修復したり、「屈辱の日」に集まって記念撮影をしたり。関係者の高齢化のため、今年度からは国頭村が碑を管理していることも報じられていた。

さえぎるもののない岬の突端で海風にさらされる碑は、きっと傷みやすいだろう。きれいに保たれているのは、思いをもって管理する人がいるからだ。その思いを村が引き継いだことに胸をうたれた。

どこかで碑を目にしたとき、これまでは碑文の内容にしか目が行かなかった。道端や公園の隅に立つ碑は風景に溶けこみすぎて、そこに自然に生えているかのように見えた。でも、碑を建てて維持管理をしているだれかの存在に気づいてから、碑そのものに興味が出てきた。

『名護碑文記　碑文が語るふるさとの歴史・文化・人物』（名護市教育委員会）は、名護市内にある八十五の碑を取り上げている。碑を鑑賞する本は全国で出ているけれど、この本はそれぞれの碑に関わる人たちがみずから書いているのがいい。「名護市史叢書」の一冊として、〈市民が調べて原稿を書き、市民に伝えていく〉手法をとっている。

碑の建立を検討する文化財保護委員に〈あなたの屋敷が最適の場所であるからぜひ三十坪は貸してもらいたい〉と頼まれ、一族で了承したという「白い煙と黒い煙の碑」。郷土史家が設計し、近くを通る人に作業を手伝ってもらって、海人からのさしいれの刺身で労をねぎらった「浦々の深さの歌碑」。木に囲まれた死角にあり、酒やコーラの瓶の破片が散らばって荒れていたため、有志が毎月掃除するようになった「羽地村忠魂碑」。どの碑にも、思いをもって動いた人たちがいる。場所を決めて許可をとり、資金を集め、碑文を考え、石材を選び、施工し、書道家などに揮毫してもらい、その後も清掃や補修を続ける。完成まで十年以上かかった碑や、劣化して改築された碑もある。

なぜ、こんなにも苦労して石碑を建てるのか。道しるべとは違って、なくて困るものではない。広告のように利益を生むわけでもない。先人の功績をたたえたり、土地の歴史を伝えたりするために建てる。自分のためではない。

本を出すのに似ていると思った。どうしても語り継ぎたいことがあり、原稿を書いて出版社を探して装丁を考えて紙を選んで、ときにみずから費用を負担してでも出す。私は沖縄の人が沖縄の人に向けて書いて出した「沖縄県産本」にひかれて古本屋を始めたけれど、実は石碑こそが究極の郷土出版なのかもしれない。一部限定の、そこを訪れた人だけが読める出版物。

那覇に住む私にとって身近な碑といえば、与儀公園にある山之口貘の詩碑だ。山之口貘は那覇出身の詩人で、東京に暮らしながら沖縄の日本復帰を願いつづけたものの、その日を待たずに亡くなった。十三回忌にあたる一九七五年、友人や有志の会によって詩碑が建てられた。『貘の詩碑　建立報告書』（山之口貘詩碑建立期成会）に、建立の経緯や会計状況が詳しく書かれている。

会が那覇市に与儀公園の一角の提供を申し入れると、〈個人の詩碑を公園内に建立することは、公園法の見地から好ましくない〉と渋られたものの、交渉を重ねて許可を得た。会社や学校、自治会、県外の読者など、二万人以上から募金が集まった。除幕式での代表による喜びのあいさつ、市長の祝辞などから、詩碑の建立が一大イベントであったことが伝わってくる。

たくさんの人が望んで建てた詩碑なのに、いまはほとんど放置されているように見える。貘の自筆原稿を拡大して刻んだ詩「座蒲団」は、一部の文字が摩耗して読みにくい。碑面は黒ずみ、シミだらけで、虫の死骸がくっついている。かたわらに建てられた「山之口貘詩碑」という説明板は真新しく、寄贈した企業の名前が輝いているのに。管理はしないのか。

書かれた文字を読み、建てられた背景を知ることで、ただの石に愛着がわいて大切にしたくなる。これもまた、ただの紙の束である本に対するのと同じ心持ちだ。今度行ったら、古本のように詩碑も拭いてみようか。

席替え

二〇二二年の夏、店の隣に新しく雑貨店がオープンした。もとは伊良部島出身の夫婦が数十年にわたって衣料品店を営んでいた場所で、五年前に閉まるとジーマーミ豆腐屋になり、ジーマーミ豆腐屋が一五〇メートル先に移転すると日本刀の店が入り、その店がコロナ禍のはじめにやめたあとは二年間空いたままだった。

空き店舗はさびしく見えるので、私がシャッターの前に古本を並べたりしていたけれど、やはり店ができるとまったく違う。シャッターが開いて照明がつき、商品が並んで、店主が座って、一気に明るくなった。人が次々に立ちどまり、まわりの店ものぞいてくれる。商店街の人たちと「よかった」とよろこびあった。

雑貨店の店主は、これまでは六軒隣の土産物店に間借りして商品を並べていて、このたび独立して自分の店をもった。だから前から顔見知りで、通りがかりに目があえば会釈していた。それがいまは毎日顔をあわせ、開け閉めするたびに言葉をかわしている。たった六軒ぶん近づいただけで、関係も近づく。席替えみたいだ、と思った。

店の向かいの那覇市第一牧志公設市場は、二〇二二年の春には建替工事が終わって新規オープンしているはずだったのが一年遅れて、いまも工事が続いている。公設市場に入っていた店は、歩いて五分ほど先にある仮設市場に移った。たかが五分、されど五分。目のまえにあったときは毎日のように公設市場に行って、ばくだん（かまぼこにくるまれたおにぎり）を買ったり冷やしレモンを飲んだりしていたのに、だいぶ足が遠のいてしまった。

公設市場には「外小間」と呼ばれる区画があり、通りをはさんで私の店と相対するように店が並んでいた。店番中ずっと顔をあわせていた鰹節屋さんたちも仮設市場に移り、外小間のあった場所は工事用の高い壁に覆われた。

仮設市場がオープンした直後、鰹節屋さんと道で行きあって、うれしいながらも妙に照れくさかった。クラス替えのあと、以前のクラスメイトと廊下ですれ違ったような。

席替えだのクラス替えだの、いつまでも学生気分で情けない。いうまでもなく、店の場所が変わるのは経営を左右する重大なことだ。老朽化した公設市場の建替については何年も前から議論されていて、はじめ那覇市はいまの仮設市場の場所に新しい市場を建てる移転案を出した。これに市場の事業者たちが猛反対して、結局は現地での建替が決まった。

いまプレハブの仮設市場が建っている場所には、かつて「第二牧志公設市場」があった。

一九五〇年に那覇市が牧志公設市場を建てた土地は私有地だった。地主から明け渡しを命じられたため、市は六九年に第二の市場を建てて、そちらに事業者を移転させようとした。しかし、一部の事業者が「新しい市場は人がいなくて商売にならない」と反発して旧市場に居座ったり、市役所で陳情を続けたりした。

当時の市長だった平良良松は全事業者を第二牧志公設市場に移すことはあきらめ、七二年に第一牧志公設市場を改築した。記録を読む限り、議会を無視して地主の抵抗も押しきるなど、ほとんど市長の独断によって強行されている。やがて第一牧志公設市場は観光地としても注目を集めるようになった。いっぽう、第二牧志公設市場は二〇〇一年に閉場した。

今回の建替にあたっても、市場の人たちは断固として移転を拒んだ。前回の移転騒ぎから五十年たち、当時を知る人も少ないなかで、同じような経過をたどることになった。

夏の終わりには、新しい公設市場の小間割りを決める抽選が行われる。立地や間口の広さ、柱の有無など、条件に細かく違いがあり、事業者向けの説明会ではさまざまな要望が出ているそうだ。小間の場所によって商売の明暗が分かれるのだから、みな真剣に決まっている。

店の場所を抽選で決めるなんて、私ならいやだ、と思ってしまう。公設だから公平に、という理屈はわかるけれど。

席替えもクラス替えも嫌いだった。環境が変わるのがこわかったし、自分の運命を先生やくじ引きに委ねるのに抵抗があったのかもしれない。

といいつつ、実は自分で決めたことなんてほとんどないような気もする。いまここで店をやっているのは、別の人の古本屋をそのまま引き継いだからで、私が場所を選んだわけではない。席替えで隣に座った人と親しくなるみたいに、たまたま近くにあったものに関わっただけ。民間の建物に入ったのも偶然だ。もしここも公設市場で、店の場所を抽選で決めることになったら、不平を言いながらもおとなしくくじを引いていただろう。

公設市場の人たちは、納得いかないことに「それはおかしい」「いやだ」と声をあげ、ときに那覇市や隣の店の人とぶつかり、ときに譲ったり折り合ったりして商いを続けてきた。あたりまえなようでいて大変なことだ。自分の席を守るのは、本当に大変だ。

耳栓

耳栓をして店番をしている。いつもではないけれど。

　向かいの牧志公設市場の建替工事が大詰めで、毎日さまざまな音が響いてくる。金属がぶつかる音、重いものが落ちる音、機械がうなる音。市場の建物は灰色の防音シートで覆われているものの、はたしてどれくらい効果があるのか。日によってはお客さんと会話するのも難しいほどだ。音がつらいときは、耳栓をする。

　とびらすらなく開けっぱなしで、予約制でもない、万人に向けてひらいているはずの店で店主が耳栓をしていることは、あまり知られてはいけない気がする。人を待っているように見せかけて、実は内に閉じこもっているみたいで。通りかかった人にふいに話しかけられたら、ばれないようにそっとはずす。

　かつては店番中にマスクをつけることにも抵抗があった。コロナ禍でマスクはなかば義務のようになったけれど、それまでは店員が顔を隠しているのはお客さんに失礼だと感じていた。

まわりの店主たちにも「なんで今日はマスク?」とすぐに聞かれて、咳きこんで体調の悪さをアピールした。

店を始めたころ、自分の座っている椅子のまえに背の高い観葉植物を置いていたら、向かいの鰹節屋さんに「あんたの顔を見せなきゃだめだよ」と言われたのが耳に残っている。別の人には「市場は顔で売る」という言葉を教えられた。同じ業種の店が隣りあって何軒も並ぶ市場では、お客さんは看板よりも店主の顔で店を覚えるのかもしれない。

実は、耳栓をするようになったのは建替工事が始まるまえからだった。きっかけは同じ通りにある土産物屋の人が、客寄せのためなのか道に出て笛を吹きだしたことだ。竹の縦笛を朝から晩までピーヒャラ鳴らす。それがあまりにも調子はずれで、気になってしかたなかった。

そのころは公設市場が向かいで営業していて、通りはいつも人であふれていた。あちこちの方言や外国語が飛びかい、観光客がスーツケースを引き、業者が台車を押し、子どもがお土産に買ってもらった太鼓(パーランクー)を打ち、通りのスピーカーから沖縄民謡が流れる。この活気があるからこそ私の商売は成り立つのだけれど、年々観光客が増えつづけ、どやどやと店に入ってきては一瞬で出ていったり、勝手に写真を撮られたりするのに疲れてしまった。

うつむいて喧噪から目をそらしても、声や音は耳に入ってくる。「にぎやかなのがいやなら、ここで店なんてやらなければいいのに」と自分を責めてもどうしようもない。そこに笛が追いうちをかけた。思いきって耳栓をしてみたら、少し楽になった。

土産物屋はいつのまにか別の店にかわった。笛の音が聞こえなくなったのにもしばらく気づかないくらい、毎日バタバタと過ごしていた。

二〇一九年に公設市場が建替のために近くの仮設市場に移ると、人通りが少なくなった。さらに二〇二〇年の春、新型コロナウイルスの流行が起きて、ぱったりと人が消えた。ほとんどの店がシャッターを閉め、静かな通りに市場の建物を壊す音だけが響いていた。

ずっと自分の店のことで手いっぱいだった店主たちが、たび重なる危機のなかでお互いに話をしはじめて、一緒にイベントを企画したり商店街の今後について考えたりするようになった。私もそうだ。いまなら、同じ通りの店がやめたらすぐに気がつく。笛がうるさければ、それとなく本人やまわりの人に話してみるかもしれない。あのときは本当に余裕がなくて、耳栓で一方的にシャットダウンしてしまった。

この秋はだいぶ人通りが戻ってきた。春になって向かいに新しい市場が完成して、工事の音のかわりに人の声が聞こえてきたら、耳栓をはずして店番できるだろうか。市場の建替前よりも深くこの場所に関わるようになって、人や音に対するおそれが少し和らいだような気はする。できる限り目と耳を開けて、来る人を待っていたい。

やさしい屋根

庄野潤三の『夕べの雲』（講談社文芸文庫）は、「風よけの木」の話から始まる。丘の上の一軒家に引越してきた大浦は、家が台風で飛ばされてしまうのではないかと心配し、風よけの木を早く植えようと躍起になる。山の上の家が家族ごと空に舞い上がるのを想像すると昔ばなしみたいでおかしいけれど、もちろん大浦は大まじめだ。

私もこのごろ、風よけについて考えている。このごろ、具体的にいうと去年（二〇二二年）の十一月の終わりごろから。

建替工事中の牧志公設市場は、今年三月十九日に新しい建物でオープンする。古い建物を解体するため、公設市場に面するアーケードも撤去された。撤去と同時に、工事中の安全対策として仮設の屋根が架けられて、アーケードと同じように風雨をしのいでくれた。

工事が終わりに近づいた去年の十一月、その仮設の屋根が解体された。この間ずっと、私たち市場中央通り第1アーケード協議会は新しいアーケードの建設に取り組んできた。いまのところ、アーケードの完成予定は二四年三月。一年半のあいだは通りが露天になる。

仮設の屋根が撤去されたあとはしばらく雨が続いた。可動式のひさしを新たに取りつけて、その下にビニールカーテンを吊るして、どうにか店を開けた。お客さんは来ない。まわりの商店街がアーケードに覆われているなか、私たちの通りにだけ雨が降っているので、みんな手前で引き返すか横道に曲がってしまう。たまに通る人がいても、足早に駆けぬけていく。

大雨でも、風がなければ商品が濡れることはない。風の強い日は雨が店内に吹きこんでくる。陳列台ごとビニールシートでくるんでしまえば商品は守れるけれど、お客さんが本を手にとれないのでは、なんのために並べているのかわからない。突風でビニールカーテンが飛び、棚が倒れて、途中で店を閉めた日もあった。ビニールに重しをつけても、重しごと転がっていった。

雨よけ、日よけのために必要だと思っていたアーケードには、風よけの機能もあることが初めてわかった。雨を避けるより風を防ぐほうが難しいとは。台風の多い島に住んでいるのにいままで気づかなかったのは情けないけれど、自分の身をさらさないとわからないものだ。『夕べの雲』の大浦だって、新しい家に引越してきてしばらくたつまで、風当たりのことは頭になかった。

交差点にある店は毎日、四店舗をつないでテントを張るようになった。自分の店だけ守ろうとしても無理だから、隣の店と助けあう。連帯が通り全体に広がると、アーケードになる。

アーケードをつくるにはテントとは桁違いのお金がかかり、厳しい設置条件を満たす必要がある。それでも、一度つくってしまえば店も商品も歩く人も守れて、未来の店主たちにも役立つ。ほかの通りには維持管理費を払わない店もあるらしいけれど、アーケードができるまでにどれほどの思いと苦労があったか、そしてアーケードがないとどんなに大変か、いまの私たちを見れば想像できるはずだ。

二二年の春、国際通りの入口にある商業施設「パレットくもじ」のまえの広場に大きな屋根が完成した。パレットくもじを運営する「久茂地都市開発」が那覇市から道路協力団体の指定を受け、周辺の道路上での収益活動や工作物設置が可能になったそうだ。

新しい屋根を見て、那覇の商店街も大きな屋根で覆えばいいんだ、とひらめいた。アーケードの設置は各通り会に委ねられていて、金銭的にも手続き的にも負担が大きい。風も防げるくらいに大きなドーム状の屋根で全体を覆ってしまえば、みんな安心できる。さらに道路上にはみ出して商売することも認められれば、商店街のイベントなどもやりやすくなる。画期的なアイデアではないか。だれか、お金持ちな商店街ファンが屋根をつくってくれないだろうか。

沖縄の古い家には「雨端《アマハジ》」と呼ばれる、ひさしの突き出た縁側のような空間がある。外から中が見えないようにさりげなく目隠しをする「屏風《ヒンプン》」もある。そんなふうにゆるやかに雨をしのいだり内と外を分けたりすれば、お金もそれほどかからないし、あれこれ許可をとらなくてもすむのではないか。アーケードは隙間なく覆うから資材がたくさん必要で、消防の目も厳しくなる。

新しいアーケードが二〇二四年三月に完成したら、毎月の維持管理を続けて、二〇五四年に撤去や更新について検討する計画になっている。三十年後、私がここにいるかはわからないけれど、そのときまでにもっと軽やかな雨よけ／日よけ／風よけのかたちを考えておきたい。店の人、歩く人、お金のない人、居場所のない人、力のない人、どんな人も上から包んで守ってくれる、やさしい屋根をつくりたい。

三年九か月三日

春。一年ぶりに沖縄に来た知人が店に並ぶ新刊書を見て、「去年（二〇二二年）はおもしろそうな沖縄の本がたくさん出ましたね。どうして一気に出たんでしょう」と言う。

「去年は沖縄の復帰五十年だったから、それに合わせてみんな出したんですよ」

「えっ、そういうこと？　みんな用意がいいのねえ。私は思いつきもしなかった」

知人は那覇の市場の調査をしていて、なかなか本が書けなくて悩んでいる。のんきですねと笑いながら、はたと気づいた。いや、人のこと笑えない。

新しい牧志公設市場のオープンが二〇二三年三月十九日に決まって、いよいよだ、長かったなと考えていた去年の年末、それに合わせて本を出そうと思いたった。前の公設市場が二〇一九年六月十六日に閉場して新しい建物で再オープンするまでの、この三年九か月間のことを書いて本のかたちにして、自分の店で売りたい。新しい公設市場に来た人たちに、記念に買ってほしい。

あわてて文章をまとめながら、はじめからきちんと書いておけばよかったと後悔した。そもそも公設市場の建替が決まったときから「記録して本を出したい」と思っていたのに、いまさらあたふたして。市場界隈の店を取材しているライターの橋本倫史さんは、前の公設市場が営業を終える直前に『市場界隈』（本の雑誌社）を出し、建替工事中も取材を続け、新しい市場がオープンする直前に『そして市場は続く』（同）を出そうとしている。きちんと段取りして準備してきたから、ぴったりなタイミングで出すことができるわけだ。それにひきかえ。

ともあれ、いまからどこかの出版社に出してもらうのは無理だから、自分でつくるしかない。装丁やレイアウトや印刷や製本はできないので、人に頼む。つまり、文章を自分で書いたら、残りの作業はぜんぶ人にやってもらう。自分でつくるといってもお金を出すだけだ。

ひとりだと原稿を書いている途中で挫折しそうなので、フェアを企画した。「おかえりなさい、公設市場」展と銘打ち、市場にまつわる本やグッズを出品者につくってもらって、店で販売する。私も出品者として名を連ねた。もうあと戻りできない。ギリギリまで原稿を書きつづけて、デザイナーに送った。タイトルは『三年九か月三日　那覇市第一牧志公設市場を待ちながら』。

フェアが始まる三月十七日にまにあうかどうかの瀬戸際に、デザイナーからデータ一式が届いた。同時に印刷費の見積ももらう。写真を入れたため全ページがカラー印刷になり、私の想定した金額をはるかに上回っている。気軽に買える値段をつけたかったけれど、値上げせざるをえない。部数を増やせば一冊あたりの原価は下げられるとはいえ、全体の制作費は上がるし、たくさん売る自信もない。

店に並べている本やZINEをあらためて手にとって値段を見ると、どれも驚くほど安かった。どうしてこんな値段でつくって卸せるんだろう。これまで無責任に「高い」とか「出版社の取り分が多すぎ」とか言ってきたのを撤回したい。

フェア開始の日、店を開けた直後に本が届いた。まにあった。

初めて自分で本をつくってみて、というよりお金を出して人につくってもらって、いろいろ痛感した。ひとりではなにもできない情けなさ。編集者の偉大さ。在庫を抱えるおそろしさ。仕入れてくれる店のありがたさ。中でもいちばん感じたのは、「思いつきで本をつくってもいいんだ」という自由さかもしれない。もうこんな大変なことはするまい、と完成するまで思っていたのに、またなにかつくってみたいような気になっている。

おかえりなさい、公設市場

二〇二三年三月十九日、私の目のまえに那覇市第一牧志公設市場が帰ってきた。二〇一九年六月十六日に市場が閉まってから、三年九か月三日、待っていた。

新しい公設市場のオープンを祝うため、建替中も市場を見守ってくれていた知人たちに冊子やグッズを制作してもらい、「おかえりなさい、公設市場」展を開催した。私は建替のあいだにつけていた日記をもとに『三年九か月三日　那覇市第一牧志公設市場を待ちながら』という冊子をつくった。

冊子には仮設市場の閉まった三月四日までのことしか書けなかった。ここに、三年九か月三日の最後の日々と、公設市場が帰ってきた三月十九日、その後の数日のことを記録しておきたい。

三月六日。朝、仮設市場に行ってみる。新しい市場に向かって台車や什器を運んでくる人たちと何人もすれちがう。昼間は車が入れないから、自力で運ぶしかないのか。大変だ。二階のテラスからロープで冷蔵庫を下ろす人たちもいた。

新しい市場の自動ドアが一部開放されて、中で作業しているのが見える。私の店の向かいの外小間はまだ静か。

七日。定休日。健康診断の帰りにマチグヮーを通る。今日も仮設市場から新公設市場に向けて台車を押していく人たちがたくさんいる。外小間のシャッターも何軒か開いていて、もう什器が入っていた。

八日。朝から公設市場のオーニング（日よけ）の工事をしている。細い足場がぐらぐら揺れて、見ているほうがこわい。

ここ数日で、市場中央通りがにぎわってきた。仮設市場があったときは市場本通りから仮設市場に向けて右に曲がっていく人が多かったけれど、市場がなくなって直進する人が増えたのだろう。

公設市場の外小間の鰹節屋さん、果物屋さん、化粧品屋さんが一日に何度もシャッターを開けたり閉めたりして準備を進めている。あるお店は八人くらいで連れ立って台車と什器を押してきて、一族総出という感じ。杖をついた人も什器に手をそえていた。

十六日。今週は公設市場の人と水上店舗の人が立ち話しているのをよく見かける。この組み合わせはひさしぶりだ、とひとりでよろこんでいる。

公設市場は三日後にオープンするのに、外小間の人たちは相変わらず日に何度か来るくらいで、ほとんど動きがない。

夕方、明日から始まる「おかえりなさい、公設市場」展の設営をする。ちゃんとお願いしていなかったのに、出展者の人たちが手伝いに来てくれて心強い。文化祭前日みたい。

十八日。新刊『来年の今ごろは』を出したボーダーインクの新城和博さんが「行商」をする日。マチグヮーには、リヤカーや台車で野菜やお弁当を売り歩く人がいる。そんなふうに本を売ってみたいのだそう。

段ボールで自作した薄い箱に本を並べ、ベルトを通して、体のまえに抱える。全身が本になったようだ。六年前まで二軒隣にあった下着屋さんが、水上店舗が建つまでは体に下着や靴下をくくりつけて売り歩いたと言っていたのを思いだした。

本の行商は、途中でほかの人に替わったりしながら夕方まで続いた。行く先々で「えらいね」「がんばってるね」と声がかかり、本も売れたという。新城さんはじめ、体験した人はみんな「すごく楽しかった」「世界の見えかたが変わった」と満足そう。

十九日。新しい牧志公設市場がオープンする日。

朝十時、正面入口のまえに人だかりができているのが遠くからでも見える。市場中央通りは進めそうにないので、反対側の通りから近づく。

旗頭の行列がやってくる。しばらく見ていようか、店を開けようか。こんなに人が集まっているのを見るのは閉場セレモニー以来だ。三年九か月間、みんなどこにいたんだろう。今日はどこから来たんだろう。建物がないあいだも、店は仮設市場でずっと営業していたのに。

かまぼこ屋さんの角を右に曲がって一本向こうの通りに出たら、そこにも行列ができていた。若い人や海外の人が、パンケーキの店とポークたまごおにぎりの店に並んでいる。マチグヮー＝公設市場ではないと人と話したことがあるけれど、本当にそうだな。マチグヮーのそれぞれの通りに違った顔がある。ここにいる人たちは、いまから公設市場がオープンすることも知らないかもしれない。

自分の店に行くと、人だかりはすぐそこまで押し寄せていた。人の動きの隙を見ながら棚を出す。知念覚市長のスピーチがぼんやり聞こえる。そのあと組合長の粟國智光さんのスピーチ。こちらははっきり聞こえる。

「公設市場とマチグヮーは運命共同体です」

閉場セレモニーのときと同じフレーズをまた言ってくれた。いつも「周辺事業者」に目を向けてくれてありがたい。

なんとか開店準備を終えて帳場に座る。ここに並んでいる人たちはセレモニーを見ているのではなく、市場の開場を待っているのだとようやく気づいた。私の店のななめ向かいにある入口（東口３）からファミリーマートの先まで行列が続いて、中には持参した椅子に座っている人もいる。

十一時に入口のあたりが騒がしくなる。開いたようだ。途中でいったん入場制限をして、やがてまた列が進み、気づいたら列はなくなっていた。こんなに収容できるなんて。

市場から出てきたおじいさんが「入ったけど全然進まない。魚を買いたかったけど、明日また来る」と言う。

お客さんや知り合いとあれこれ話して、本もたくさん売って、あっというまに日が暮れた。あまりに混みあっていたので市場には入らなかった。また、そのうち。これからは、いつでも行ける。

二十二日。公設市場は、前の建物のときから入口がたくさんあるのが特徴だ。私の店のななめ向かいには「東口３」と名前がついた。私にとっては入口というより出口で、ここから出てきた人が私の店のほうに歩いてきてくれるのが大きい。お客さんをどんどん輩出してくれて、市場はこんなに人を集めるんだ、すごいなと感心する。

二十四日。店のまえを掃いていると、通りかかった人に「ウラさん、ニュース見ました」と話しかけられる。昨日の夕方、ＱＡＢ（琉球朝日放送）で新しい公設市場のニュースが放映されて、「おかえりなさい、公設市場」展も取り上げてもらった。

「待っていてくださってありがとうございました」

そう言われて相手をあらためて見ると、エプロンに公設市場の肉屋さんの名前がある。胸がいっぱいになった。

「これからも末永くよろしくお願いします」

「こちらこそ」

初めて話す人なのに、こんなに通じている。公設市場と水上店舗は相思相愛だったのかもしれない。

二十九日。ガーブ川中央商店街組合の役員会。今年十二月に竣工六十年を迎える水上店舗第二街区の長寿命化について話しあう。公設市場は建替がすんで、こちらだけ取り残された。本当の苦労はこれからだ、とだれかがささやいている気がして、今月も肩が重い。

つくりつけの木の台

店を取材されるとき、「開店準備をしているところを撮ってもいいですか?」と聞かれることがある。

私の店は四・五坪しかなく、毎日、棚や台や机を店内から外に出して並べ、閉めるときに中に入れている。あまりにはみ出しているので、この什器が狭い店内にどう収まっているのか、どうやって出すのか気になるのだろう。

興味をもってくれるのはうれしいものの、いつも断ってしまう。棚を抱えて押しだしているのも中腰で台を引っぱっているのも、必死すぎて見られたくない。

車輪のついた台と棚を出すだけなのに、なぜこんなに重労働なのか。入居している建物「水上店舗」の下には、暗渠になったガーブ川が流れている。川に蓋をしたからなのか、建物から道にかけてゆるく下っている。そこに店の什器を配置するため、台にのせた本がすべり落ちないように運んだり、棚の下に板切れを噛ませたりするのに手間どる。勾配があるから大変なんだと気づいたのはつい最近のこと。十年以上やっているのに、自分でわからなかった。

那覇の市場には、間口の狭すぎる店、まんなかに大きな柱の立つ店、風の吹きこむ店など、商売に向かない物件も多々ある。それでもみんな工夫をこらして店を開けている。

二〇一六年まで私の隣で営業していた浦崎漬物店さんは、シャッターのまえにつくりつけの木の台を置いていた。台の上の飾り棚に、階段状に瓶を陳列する。毎朝、店内から商品をひとつずつ出してきて台の上に並べ、閉めるときは商品をひとつずつしまって、台は外に置いたまま帰る。かつて市場中央通りの店のまえには、そんな台がいくつも並んでいた。店の間口や商品にあわせてつくられた、同じようで違う台。台をつくる職人がいたと聞いた。

浦崎さんはすきまに段ボールの切れはしを詰めたり空箱でかさ上げしたり、あちこちを細かく調整しながら商品を並べていた。約四十年にわたって店を開けるなかで、数々の不具合を解消するために生まれた知恵だ。それこそが浦崎さんがここで店を続けてきたあかしのように思えて、こっそり見入った。

二〇一九年六月十六日、私の店の向かいにある牧志公設市場が建替のために一時閉場した。公設市場の店は七月一日から近くの仮設市場に移るため、休む間もなく引越しの準備を始めた。ある朝、公設市場の店のまえにつくりつけられていた台がバラバラに解体されて隅に積まれているのを見て、ショックを受けた。

公設市場の建替をいたずらに嘆くのはやめようと思っていた。古い建物がなくなるのは残念だけれど、「昔のほうがよかった」と簡単に言いたくなかった。でも、がれきのようになった台を見て、取り返しのつかないことが起きたのを実感した。新しい建物に店が戻っても、この台は戻らない。何十年も商売を支えてきたこの台は、二度とつくれない。

マチグヮーには、ほかにも独特な什器や看板がたくさんある。どうしてこうなったのかと驚かされるけれど、地形や風土や店の歴史、店主の様子や人間関係を知ると、なんとなく納得できてくる。日々の商売とＤＩＹを積み重ねるうちに、ここにしかないかたちがつくられた。

建替工事が始まるまえに、那覇市は公設市場の「外観イメージ」を発表した。空き地に建った新しい公設市場に人が集い、アーケードのない空は高く青く、色とりどりの風船が浮かび、水上店舗など周辺の店は灰色に塗りつぶされている。こんなどこでもない場所に公設市場だけを新しく建てる、それが那覇市の描く未来なのか。公設市場のまわりで商売をして生きてきた人たちも店も商品もなきものにされていて、悲しかった。

新しい公設市場は、予定よりも一年遅れて二〇二三年三月にオープンした。建替前と同じ店が戻り、何軒かは戻ることなく店を閉め、何軒か新しい店ができた。かつて店の外に置きっぱなしだった台はつくり替えられて、シャッターの中にしまわれるようになった。市場のまわりの店も少しずつ入れ替わり、無人販売の店やこれまでになかった専門店（射的の店、ギョサン

＝漁業サンダルの店など）が人目をひいている。

町は変わりつづける。新旧の移り変わりにばかり目を奪われてしまうけれど、店構えとか、同じようでいて違う商品とか、その店主ならではの方法とか、いまここにあるもの、起きていることに目を向けたいと最近は思う。この場所だから生まれた姿を、ひとつひとつ確かめていきたい。簡単に塗りつぶされてしまわないように。

Ⅳ オフ・ビート・ウララ

二〇二三年十月〜二〇二四年一月

なべ

明日から三連休だからか、人が多い。「美ら海おきなわの魚」ファイルがよく売れる。Ａ４のクリアファイルに、約六十の魚の絵と名前と説明がぎっしり書かれている。

夕方ファイルを買った人が、黒地に白い水玉模様の魚を指さして、「この魚の名前はなんというのですか」ときいてきた。日本語の会話は流暢だけれど、カタカナは読めないのかもしれない。

目を近づけて「カーハジャー」と読みあげると、「カーハジャー」と復唱される。

「これは食べられますか」

「ここに載っている魚は全部食べられます。字が小さいですが、料理のしかたも書かれています。カーハジャーは、鍋で食べるそうです」

「なべ！」

「どうしてこの魚を知ったのですか」

「今朝、見ました。ダイブして」

三年ぶり

スポーツの日。閉店まぎわにまた魚ファイルが売れる。会計したあと、近くに置いていた雑誌『コーラルウェイ』の「那覇大綱挽」特集を開いて見ているので「昨日、綱引きでしたね」と言うと、

「はい。すごい人でした」

「見にいかれたんですか」

「行きました」

「綱が切れたんですよね」

「始まるまえに西側で切れて、危ないから引き分けになりました」

「引くまえに終わったんですね」

「そうです。あと、くす玉もうまく割れなくて」

言いながら携帯を手にとり、写真を次々にスクロールしていく。

「くす玉から垂れ幕が出てくるんですけど、ほら、からまっちゃって。こうやって下におろして、一生懸命直してました」

「いろいろうまくいかなかったんですね」

「三年ぶりだったので」

コロナ禍で中止されていた那覇大綱挽は、二〇二二年に規模を縮小して再開された。

往復はがき

朝、開店準備をしているとふたり連れが立ち止まり、ひとりが百円均一の本を買う。もうひとりに「このへんにきれいなトイレある?」と聞かれて浮島通りのセブンイレブンを案内する。

準備を終えて帳場に座ると、またこのふたりが現れる。さっき本を買ってくれた人が、今度はポストカードを物色している。

「一枚百五十円だって」

「え、さっきの本より高いじゃないの」

確かに、紙一枚なのに。六枚買ってくれた。

「おれ、筆まめだからね」

「そうなの?　手紙なんて出す相手いないよ」

「知り合いがスマホを買ったんだけど、使いかたがわからないとか言って、いくら電話しても出ないの。だからしかたなく往復はがきを出した」

親切な人だ。返事は来たのかな。

三十九の春

祝日。ひさしぶりに晴れた。世界のウチナーンチュ大会の最終日でもあり、にぎやか。通りから「ルージュの伝言」がきこえて顔をあげると、年配の男女が手をつないで歩いていった。歌は男性の携帯から鳴っている。

市場中央通りにある土産物屋さんは、三線を弾きながら「十九の春」を歌っている。女性が一緒に口ずさみながら私の店のまえを通りすぎる。また別の女性が歌いながら通りすぎる。

私がこの歌を知ったのは二十九の春だった。〈いまさら離縁と言うならば　もとの十九にしておくれ〉という歌詞を聞いて、取り返しのつかないような気持ちになったのを思いだす。いまや三十九の春も超えてしまった。

るるぶ

　店を閉めたあと、牧志公設市場（仮設）二階のジェラート屋さんに行く。最近このあたりの駐車場はいっぱいなので壺屋の駐車場にとめている、と店の人が言う。

「遠いですね」

「でもすぐ太平通りの入口があるから、雨の日は濡れなくていい。やっぱりアーケードは絶対に必要だね」

　このフレーズを人の口から聞くと、アーケードの再整備に取り組んでいる私へのお世辞なのではないかといつも思ってしまうのだけれど、そんなわけはない。アーケードに一体化しすぎだ。

　レジのまわりにお店の記事がいくつか貼られている。

「これはタイの『るるぶ』だって」

「え、タイ。すごいですね」

「日本語版の翻訳らしい」

　読めない文字を追った先に、別の店の紹介記事が続く。ローマ字で「Ichiba no Furuhonya Urara」。びっくりして声を上げてしまった。載っていたなんて知らなかった。

「タイ語版、私には送られてきませんでした」

「いや、うちもたぶんお客さんが持ってきて見せてくれたのを撮ったんだと思う」

　ほかの国でも翻訳されているのだろうか。

遠いところ

『那覇の市場で古本屋』を買った人に「この本、長野の本屋さんのイベントで見ました」と言われて、言事堂《ことことどう》だ！　と思う。二〇二一年に那覇の店を閉めて、長野で開店準備中の言事堂さん（二〇二三年一月に開店）。いまも遠いところで沖縄の本を届けてくれているのを知ってジーンとする。

　お客さんに「沖縄の童話なんてある？」と聞かれて棚を案内する。三冊会計して、「もっと欲しいけど、重いからあまり持って帰れない」と言われる。確かに薄い本ばかり選ばれている。

「また来てください」

「また、って簡単には来られないのよ」

「どちらからですか」

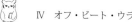

「ドイツ」

予想よりはるかに遠かった。子どもたちにお話を語るボランティアをしているそうだ。沖縄の話がドイツに伝わっていくなんて、たのしい。

第二外国語

「中学生のとき、韓国語であなたの本を読みました」と青年に言われる。図書館で見つけたそうだ。

「いまは高校生ですか?」

「大学生です。このまえ軍隊から戻ってきました」

漢文の研究をしていて、大学院に進みたいという。隣にいるお母さんが「この子、高校の第二外国語で日本語を勉強しただけなのに、こんなふうにいきなり話しかけて。母としてびっくりしています」と笑う。

シャッターの鍵

十九時すぎ、ジュンク堂書店那覇店へ。明日から始まる第六回新春古書展の搬入をする。ちょっと多すぎるなと思いつつ持ってきた本がぴったりとおさまり、いったいいつになったら量感がつかめるんだろうと情けなくなる。それでも多めに持ってきたんだからえらい。

搬入を終え、自分の店に台車を戻しにいくと、市場中央通りに車が入っていく。店のまえにとまりシャッターをあけ、梱包された雑誌を運びだしている。新刊書店「文栄堂」さんの返品を回収にきた取次の人らしい。

新刊書店のシャッターの鍵を取次の配送業者に預けておいて、閉店中に荷物を出し入れしてもらうというのはこれだったんだ。初めて見た。しかも市場で見られたことに感動する。

クラリネット

夕方からずっとクラリネットが鳴っている。工事中の公設市場のほうから聞こえてくるので、工事現場で音楽を流しているのか（癒しとして？）と思っていたら、通りかかった友人が「あっちの空き店舗のまえで、女の子がアンプをつないで吹いてるんだよ」と教えてくれる。

「バイクに大荷物をのせて、旅人みたいだよ」

その姿を見たいと思い、店の外に出て目をこらしたけれど、どこにいるのかわからない。

十八時すぎに音がやむ。店を閉めてジュンク堂に向けて歩いていったら、市場本通りで女の人がバイクに荷物を縛りつけていた。バイクの高さが倍になるくらいの大荷物だった。

貼紙

ジュンク堂新春古書展の店番。昨夜から急に冷えこんで風が強く(北北西の風十三メートル)、店が休みでよかったと思いながら向かう。

古書展の会場は一階の自動ドアの横で、まえに店番したときもすきま風が寒かった。今日はすきま風というより風がまるごと店内に入ってきて、台に並んだ本の表紙をあおり、天井からぶら下がった古書展の看板をガタガタ揺らしている。沖映通りをはさんで向かいにあった沖縄そば屋が去年閉店して更地になり、風がじかに吹きこむようになったそうだ。

しばらくすると自動ドアが作動しなくなり、お客さんが手でこじ開けたり、あきらめて正面入口にまわったりしだした。やがてビルの管理会社の人が来て、「強風のため自動ドアを閉鎖しています」という貼紙をしていった。が、それでもドアに体当たりしたり無理に開けようとしたりする人が続出する。貼紙があっても読まない人がこんなにいるのか。確かに有益な情報が書かれていることのほうが少ないかもしれないけど、ここは本屋なのに。文字を売っているのに。

ジュンク堂の人が、電話での古書の問い合わせを取り次いでくれる。お探しの本は『奄美・沖縄岩石鉱物図鑑』。県内のお客さんだと思いこんで話していたら、途中で「私は与論島に住んでいて」と言われる。どこでこの古書展のことを知ってくれたのだろう。本は見つからなかった。

大道芸

日曜日の国際通りはトランジットモール。市場本通りを出たところで大道芸を見る。コンビでボールを投げあい、次はナイフを投げあうという。「今日は風が強くてこわいです」とMC。沖映通りから市場本通りに向かって吹きつけてくるこの北風こそ、ジュンク堂で店内の本の表紙をめくりあげ、私の店で棚を倒す風だ。大道芸の人も困っているんだなあ、と親しみを覚える。

おやすみなさい、おつきさま

絵本を何冊か買った人が、中の一冊『おやすみなさい、おつきさま』（マーガレット・ワイズ・ブラウン著、せたていじ訳、評論社）を指さして「この本、英語で読みました」と英語で言う。「私も英語で読んだことがあります」と伝えると、隣にいる人と顔を見あわせて「ワーオ！」とよろこんでいる。

「子どものころ、眠るまえにいつもこの人が読んでくれました」

ああ、ふたりは母娘だったのか。

娘さんは夫婦で沖縄に住んでいて、お母さんはシアトルから来たそう。この絵本、英語ではすべての単語が韻をふんでいるので驚きました、と言いたかったけれど、英語にならずあきらめる。

田芋チョコバーガー

注文した本を取りにきたお客さんが、「先生、どうぞ」と市場本通りのお菓子屋さんのお菓子を袋いっぱいくれた。こんぺん、まきがん、かるかん、まちかじ、レモンケーキ、田芋チョコバーガー。市場はさしいれをいろいろもらえるのがいい。

「先生、またお願いします」と帽子をとり、頭を下げて去っていった。なぜ急に「先生」と呼ぶようになったのかわからない。

シャッター棒

朝、市場中央通りに妙に人が多いと思ったら、ファミリーマート第一牧志公設市場前店が開店していた。外にたくさんスタッフがいる。

今日はお客さんがたくさん来るかもしれない、早く開けようとシャッターの鍵を回す。三枚あるシャッターのうち、一枚が開かない。鍵を何度か回してみてもだめ。なにが引っかかっているのだろう。だれかに助けを求めるべきか、もう少しがんばるべきかと考えていると、思いがけず県外の知人があらわれた。

「お店、まだ準備中ですか」

「シャッターが開かなくて」

急にこんなことを言っても困らせるだけだと思ったのに、「見せてください」と近づいてきた。点検の結果、開閉のたびにつけ外ししているシャッター棒が傾いていて、シャッターを圧迫していることがわかった。そういえば昨日、ガーブ川中央商店街組合の役員会に遅れそうになってあわてて閉めたとき、少し引っかかったのに無理に押し下げてしまった。

隣の店の人が脚立と金づちと油を貸してくれ、向かいの店の人はドライバーを貸してくれ、それぞれにアドバイスもしてくれて、ガチャガチャ動かしていたらふいにシャッター棒がはずれた。知人が棒をきれいに立てなおすと、無事にシャッターが開いた。

県外から来た人にいきなり労働させてしまったのに、「いい経験ができました」と笑っている。

「沖縄を離れて八年たって、知り合いの店にもただお客さんとして行くだけだったけど、自分も役に立てるんだなと思えました。シャッター業者を呼ぶんじゃなくて、いる人たちでなんとかしようとするっていう市場のやりかたも、向こうに住んでいるとなかなかできないから」

そんなふうに言ってもらえて、救われた。

けなげ

建替工事を終えた公設市場の建物が姿をあらわした。『沖縄さかな図鑑』(下瀬環、沖縄タイムス社）を納品に来た沖縄タイムスの人が、「風景が変わりましたね」と驚いている。

「ここは市場の一番近くで『さかな図鑑』を売っているお店です」と言われて、公設市場が近くにないあいだもこの本を売りつづけてきた自分をけなげに感じた。これからは、公設市場で魚を食べたあとでこの本を買ってもらいたい。

犀星にかぶれる

室生犀星の本をまとめて買ったお客さんに「ずいぶん変な本を置いてるねえ」と言われる。

「金沢の龜鳴屋《かめなくや》という出版社が出しているんです」

「そう。おれは昔、犀星の詩碑の近くに寝起きしていたことがあって、それで犀星にかぶれて、身を持ちくずしたんだ」

すべる台車

昼からジュンク堂書店新春古書展の店番をする。今日が最終日。

夜、搬出する。年末に買った私の巨大な台車にみんなが気づく。

「重そうだけど、それくらいの大きさがあるといいよね」

店に戻ってシャッターを開けて荷物を運びいれ、ふり向いたら台車が道に向かってすべり出していた。ちょうど通りかかった人を「うわ！」と驚かせてしまう。店のまえが傾斜しているのでいつも気をつけていたのに、油断してしまった。

あいだの壁

市場中央通りの小さなパッチワーク屋さん。同じ関東出身だからかいつも気にかけてくれて、古布のバッグをくれたり昼ごはんをご馳走してくれたりした。年齢を聞いても信じられないくらいおしゃれでシャキシャキ歩いていたけれど、いつごろからか来なくなった。

「貸店舗」の貼紙が出るとすぐに隣のTシャツ屋さんが借りて、あいだの壁を壊しはじめた。私が隣の洋服屋さんを借りたとき、まわりの人に「壁をぶち抜きなさい」と何度も言われたけれど、勇気が出なかった。ぶち抜くってこんな感じなのか、と思いながら通りすぎる。

あかり

十八時半すぎ、浮島通りの店の人が来て雑誌を買ってくれる。

「この時間まで開いてるの珍しいね」

「向かいにファミリーマートができて明るいので、つい」

「私にとってはありがたいよ。毎日じゃなくても、週に一回でも開けてくれてれば」

夜でもそこだけあかりを灯していて、仕事のあとにちょっと立ち寄れるような本屋に本当はなりたい。

詩集

定休日。午後、今月いっぱいで閉店する居酒屋に本を引き取りにいく。

シャッターを開けると、入口の手前にレジ袋に入った本が山と積まれ、テーブルの上にはグラスやお皿や水差しが隙間なく並べられている。まるでこれから店を始めるみたいに整然としていて、最後まで大切に扱っているのを感じる。

出版関係者、特に詩人が集まる店だった。オーナーの民子さんは毎日のように公設市場に仕入れに来て、「宇田さん」と手を振ってくれた。

「いる分だけ持っていってね」と言ってくれたので仕分けする。詩の同人誌はあまりに大量にあったので一部置いていくことにしたけれど、個人の詩集は無理だった。人の名前、しかもここで会ったことのある人の名前が書いてあると、引き受けなければいけない気がしてしまう。

浦崎漬物店

「このへんに浦崎さんのお店がありませんでしたか？」

と聞かれる。

「浦崎漬物店ですか」

「そうです」

「ここの隣にありましたが、六年くらい前に閉店しました」

「ああ、そうでしたか……」

黙ってシャッターのまえに立つ姿を見て、なにか浦崎さんの話をしたいような気持ちになったけれど、声がかけられなかった。むしろ浦崎さんに話しかけたかった。浦崎さん、六年たっても訪ねてくるお客さんがいますよ。

コレクション

台北を旅行している知人から新竹市のアーケードの写真が届く。翌日、東京に出かけている知人から十条銀座のアーケードの写真が届く。フクロウが好きだと言っていたらフクロウグッズをたくさんもらうようになったみたいに、アーケードの話ばかりしていたらアーケードの写真が集まってくる。

近所の店の人は鹿児島に行ってきたそうで、天文館のアーケードがすごく立派で見入ってしまったと話してくれる。

「まえは商店街を歩いても店しか見なかったけど、最近はアーケードが気になるようになっちゃって」

おんなじだ。

気配

紅型絵本を買ったお客さんに、「この店はいつから？」と聞かれる。

「十二年前からです」

「ほんまに。何度も通ってたのに気づかなかったなあ」

「狭いから、見落としたんでしょう」

「いや、お姉さんが気配を消してるからだと思うわ」

そう言われて、確かに消してる、と思った。気づかれたいけど、気づかれたくない。

船旅

「十九年前に来たとき、芭蕉布のはぎれだとか、布を売るお店が並んでいる場所があったんだけど」

「公設市場衣料部は去年閉場しました。いくつかの店は平和通りあたりに移転しました」

「そう、ありがとう」

そのあとしばらく棚を見て、文庫本を買われた。

「林芙美子は読んだことなかったけど、文章がいいのね。明日から二日は船だから船で読む」

離島に行くのだろうかとぼんやり聞いていたら、「横浜まで丸二日かかるのよ」と続いた。

「途中でどこかに降りるんですか」

「どこにも。行きは横浜から台湾まで二日半かかった」

そこに連れの人が戻ってきて、ふたりで去っていった。船旅の話をもっと聞きたかった。船で本を読んでも酔わないのか、ということも。

隣の島

『よくわかる琉球・沖縄史』(沖縄文化社)を買った人が、「隣の島に住んでてもなんにも知らないからさ」と言う。沖永良部島から来たという。

「どうやって来たんですか」

「飛行機のこともあるし、船のこともある。今回は船で来て一週間いる。昨日、バスで十時間観光したけど、三山がどうとか言われてもわからない。この本を先に読んでおけばよかったね」

波の音

梅雨入り。家を出ようとしたら大雨が降りだし、しばらく待つ。

少し遅れて店に着くと、店のまえで看板の写真を撮っている人がいる。目が合ったら自然に「Tさん」と呼びかけていた。前職の先輩だ。転職して、那覇に出張で来たらしい。

話していると近くに雷が落ち、思わず耳をふさいでしまう。そのあとTさんは、空が光るたびに「耳ふさいだほうがいいよ」と言ってくれる。

Tさんが帰ったあと、耳栓をする。私は子どものころから雷の音が苦手だった。でもこわいと言えず、耳をふさぐのも恥ずかしかった。いまはこわいと言って耳をふさげるし、耳栓も自由にできる。大人になってよかった。

やがて小降りになってきた雨が、耳栓ごしには波の音のように聞こえる。午後は晴れた。

ハワイ

『み～きゅるきゅる』8号「マチグヮーのアーケード」特集を買った人に、「あなたは牧志の出身ですか」と聞かれた。

「いいえ」

「そうですか。とてもかわいいので、ここに来ました」

と冊子を指さして言う。かわいい？　アーケードが？　牧志がかわいい？

「あなたはどこから来ましたか」

「ハワイ。両親はカルフォルニアの出身だけど、ぼくはハワイで育ちました」

ハワイの人がアーケードに興味をもつのか、と意外な気がした。明るい日ざしの下でのびのび過ごして、雨に濡れても平気そうなのに。いや、それは沖縄も同じか。沖縄に暮らす私がアーケードのことで騒いでいるのは、もしかしたら外の人には理解されがたいのかもしれない。

去年の秋、母島でカフェをやっているという人が店に来たとき、「島には屋根が必要ですよね」と言いあったのを思いだす。台風で飛ばされて、次は開閉式の屋根をつけたいとか。ハワイにもアーケードはあるのだろうか。

チャコペン

定休日。午前中はお客さんの家へ買取に行く。原本を自分でコピーして製本した琉球史の資料をたくさん見せてくれて、研究を始めるまえになされる地道な作業のことを思う。

本を倉庫に運んで、少し家で休んだあと、新天地市場本通りの裏側にあるお直し屋さんに行く。何度かお願いした店にはお客さんがいたので、別の店に入ってみた。入るといってもとびらはない。ミシンの置かれているカウンターごしに、ファスナーの壊れたスカートを手渡す。

「ウエストをゴムにするの？　じゃあ測らせてちょうだい」

手もとにあったゴムを腰に巻き、三角のチャコペンでピンクの印をつけて、そのゴムの長さを定規で測る。

「あら、大きいわねえ。あなたやせてるのに」

そうでもないんです。

混みあっているので一か月かかるとのこと。

「じゃあ六月二十三日ですね」

慰霊の日だ。

クルルンシー

朝、道に棚を出していると声をかけられる。

「ここは買取もするの？」

「します」

「クルルンシーがあるんだけど、いくらで買う？」

「どこの工工四《クンクンシー》ですか」

「野村流。十二巻あって、もう売っていないものらしい。俺はもう使わないから」

「よかったら持ってきてください」

そう言うと少し微妙な顔をされた。もしかして離島から来ているとか？

「どちらからいらしたんですか」

「ブラジル」

予想外の答えだった。

「あっちでは若い人は使わないからさ。三線を弾いても新しい歌ばっかり。今度来るとき持ってくる」

「しょっちゅう来てるんですか」

「まえは、去年来た。それで今年も来て」

「次は来年ですか」

「そうかもね」

船長

公設市場の組合長が交差点に立ち、腕組みをして市場の建物を見上げている。

「どうしたんですか」

「台風が来たらオーニングはやられるよ」

台風二号が最接近するのは予報では二日後だけれど、昨日からすでに風が強い。建物の外に大きく張りだしたオーニング（日よけ）がパタパタとあおられている。気をつけましょうと言いあって別れる。ひとり市場を見上げる組合長は、嵐を案じる船長のようだった。

布

水上店舗の二階の踊り場に、大きな段ボール箱が四箱積まれている。ビニールテープでぐるぐる巻きにされた厚みのある段ボール。Tシャツ屋さんがふたりがかりで箱を持ち上げ、台車に載せている。

「よく持ち上がりますね」

「腰が限界です」

布は本より軽いとはいえ、箱にぎっしり詰まっていたら重いだろう。あんなに仕入れられるなんて、繁盛しているんだな。

四国

俳句をやっている知人と店内で雑談していると、横で本を見ていた人に「すごくためになるお話です！」と声をかけられる。四国の「俳句の町」の出身なので、俳句に親しみがあるという。そう聞いても正岡子規しか思いだせなかったけれど、あとで調べたら松山ゆかりの俳人がたくさんいた。

そのあと、スタジオジブリの小冊子『熱風』の記事を見たという人が来る。

「徳島から来ました」

「どうやって来たんですか」

「高松空港からです。徳島空港も高松空港も家から車で二時間くらいです」

徳島と高松ってそんな距離なのか。四国の大きさがよくわからない。

琉球銀行のあたり

店のまえを電話しながら通りすぎていく人が「いま、琉銀のあたり」と言っている。そこにあった琉球銀行は二年前（二〇二一年）に閉まってファミリーマートになったのに。マチグヮーには、消えた店を見続けている人がたくさんいる。私もだんだんそうなってきている。

サウナ

店に来た知人たちが「暑いね」「修行だね」「サウナみたい」と口々に言う。

「いっそ本が読めるブックサウナにしたら」

「こっちがシャワー室で」

「整うね」

悪くないかも。本はヨレヨレになるけれど。

百貨店

夕方、店があまりにひまなので外に出る。コーヒー屋さんに入ると、出版社の営業代行として全国の新刊書店をまわっている知人が座っていた。

あの書店は改装して日用品の売場をつくった、あの書店はワインバーを併設した、といった話を聞いていると、書店はだんだん百貨店に近づいていくのではないかと思えてくる。……書店の「書」ってなんのことか知ってますか？　実は昔、書店は本だけを売る店だったんです……なんて。

外で長話してから店に戻るとお客さんが待っていて平謝り、ということがよくあるけれど、今日はだれもいなかった。

白い斑点

店に着いてシャッターを開けて通りを掃いていたら、隣の雑貨屋さんに「ねえ」と声をかけられる。

「昨日、看板を見たらこうなってて」

言われて見上げると、「ウララ」の文字の横に白い斑点がついている。酔っぱらいのいたずらか、と思ったら「キノコじゃない?」。

まじまじと見ると、白いものがまるくふくらんでいる。キノコだった。雑貨屋さんに脚立を借りて、そぎ落とす。看板の裏側にもいた。木がぼろぼろになっていて、キノコと一緒にはがれてくる。

先代の古本屋「とくふく堂」の看板を塗りなおして、約十八年間ここに掲げられてきた看板は、去年の十一月にアーケードが撤去されて初めて雨ざらしになった。木が腐るのではと心配して防水スプレーをかけたりしたけれど、まさかキノコが生えるとは。笑っている場合ではないのに笑ってしまう。

かさだて

ななめ向かいのファミリーマートに入ると、「かさは、かさだてに入れてください」という手書きの貼紙がある。かさだて。私なら濁らせないところに濁点がついている。

まえにもだれかの口からそんな言葉を聞いたことがあった。だれだっけ、隣の洋服屋さんだっけ？　宮古島ではこう言うのかなと思ったんだ、と考えつつおにぎりを見ていたら、隣の下着屋さんの顔がうかんだ。声も聞こえた。「うちだち」。

自分の家族や島の人たちのことをいつも「うちだち」＝うち達と呼んでいた。伊良部島の出身で、宮古島とのあいだに伊良部大橋がかかったときは橋を渡るために夫婦で帰省していた。店をやめたあともよく市場に来ていたけれど、最近は見かけない。いまは下着屋さんの場所に雑貨屋さんがある。

私たち

　福井から来た人に店名の由来を聞かれたので説明すると、「福井弁で〈うら〉は〈私〉、〈うらら〉は〈私たち〉です」と言われる。何年も前、香川の人にも「うらら」は「私たち」だと教えられたことがあった。うららの分布を知りたい。

左開き

　日本語を勉強しているので子ども向けの本が欲しい、漢字は読めないからひらがなで、というお客さん。ノンタンの絵本を手にして「日本語の本はどちらから開きますか？」と聞いてくる。この本は縦書きなので右開きだけど、横書きで左開きの本もあると伝える。

「私の国では左開きです」

「どちらからですか」

「韓国です」

「韓国の本も昔は縦書きだったと聞きました」

「そうみたいです。いまの若い人は横書きで、漢字も読めません」

　ノンタンを買ってくれた。

ふたり連れ

夕方、「地図にも載ってない」「かっこいい。地図にも載らない町」と言いながらふたり連れが通りすぎていく。

別のふたり連れ。向かいの「名もない店」という看板を見て「ミスチルだ」と言い、通りすぎていく。

富士山

市場中央通りの人たちが、沖映通りのＪＲ九州ホテルを見上げながら「今日はずいぶん近くに見えない？」「雲のせいかな」「大きいよねえ」と言いあっている。アーケードがあったときは見えなかったホテル。富士山みたいだ。

古い本

本を買った人に、連れの人が「なにか買ったの？」とたずねる。

「うん。すっごい古い本」

え、そうだった？　と思いつつ聞いていると、

「二〇〇七年だって。十五年前だよ」

十五年前の本なんてほぼ新刊じゃん、と言いたくなる。

でも、たとえばSNSで二年前の投稿が流れてきたら「古いな」と思うので、本が特殊なのかもしれない。この店には大正時代の本も復帰前のドル表記の本も今月出た本も並んでいる。

三度め

公設市場の建替工事が終わって、周辺の建物に影響が出ていないか、設計会社の人が一軒ずつ調査している。工事前、つまり四年前と同じアングルで写真を撮るのだけれど、工事用の仮囲いがなくなったりして景色が変わったため方角を見失うようで、「この写真はどこから撮ったかわかりますか？」と二度聞かれた。

しばらくしてまた「あの」と声をかけられて、三度めかと思いきや、「この魚の本は新刊ですか？」。『沖縄さかな図鑑』を買ってくれた。そういえば公設市場の工事中には交通誘導員の

人が魚ファイルを買ったことがあった。魚は人気。

涼しさ

真夏のある日、牧志公設市場に入ってみたらたくさん人がいた。市場中央通りとは段違いに。そして、とても涼しかった。公設市場にはいろんな魅力があるけれど、いま一番人をひきつけているのは涼しさではないだろうか。とびらのない市場中央通りの店には出せない涼しさだ。少なくとも私はものすごくひきつけられた。

十八時半から公設市場三階の多目的室で、市場中央通り第1アーケード協議会の集まりに出る。日中はTシャツと短パンでうろうろしていたTシャツ屋さんが、衿のついたシャツに長ズボンをはいている。

「着替えてきたんですか?」

「倉庫の掃除してたら汗びっしょりになって、家でシャワー浴びてきたの。明日Tシャツがいっぱい届くから、場所をあけないと」

「いっぱい売れたってことですね」

「まあね」

笑顔が得意げに見える。売れたから補充する、それがふつうの商売だろう。古本屋は売れてもいないのにどんどん入荷してきて在庫が増えるばかり。

終わってエレベーターで降りる。「ドアが閉まります」という自動音声に、七十代の人（宮古島出身）が「東京に来たみたいだなあ」と言う。「わかる。おれもゆいレールに初めて乗ったとき、アナウンスを聞いて東京みたいだと思った」と六十代の人（首里出身）が応じる。機械の声、東京ではいつから使われていたんだろう。

島ぞうり

名護から来たお客さん。私の年上の知人と中学校の同級生だったそうだ。卒業後は会っていないから連絡する勇気が出なくて、と言う。

「私たちはダイエー世代で、それまでスーパーなんて知らなかったんです。買いものカゴを見たのも初めて。母親がダイエーで魚を買うのについていったら島ぞうりも買ってくれたことがあって、不思議な気がしました」

確かに、同じ店で魚も島ぞうりも売っているなんて不思議だ。ダイエー那覇店（ダイナハ）は一九七五年に開店した。いまはジュンク堂になっている。

トイレで読む本

目のまえで本を選んでいるお客さんが「トイレで読むのにいいかも」と言う。飛行機で読むのにいいかも、と言う人はよくいるけれど、トイレは初めてだ。「三五〇円だし。トイレにちょうどいい」と何度も言う。どの本のことなのだろう。

やがてレジに持ってきたのは私の本だった。一瞬ショックを受け、その下に三五〇円の文庫が重ねられているのを見てほっとしてしまう。

寝るまえに

絵本を買った小さな子が「ホテルに戻ったら寝るまえに読むの」と言う。これまで「帰りの飛行機で読む」とか「病院の待合室で読む」とかいろんな声を聞いてきたけれど、だんとつにかわいい声だった。

もしも

毎週のように本を探しにくるお客さんがリストを広げて、「次はこれとこれを探してほしい」と言う。

「いつもありがとう。おかげで知りたかったことがだんだんわかってきた。ぼくは、戦争が終わってから復帰までのあいだに沖縄のナショナリズムがどう変わったのかを知りたくて。あ、ぼくは別に独立派じゃないよ。復帰してよかったと思ってる。もしも独立していたら、この店もなかったわけでしょう。この店もできて、ジュンク堂もできて、すごく助かってる。復帰してよかった」

のぼり

水上店舗六十周年のトークイベントを聞きにきた知人たちが、終わったあと店に寄ってくれる。水上店舗の三階にかつて遊戯場があったという話になり、一緒に店の外に出て建物を見上げてみると、二階に「整体」と書かれた小さなのぼりがいくつも立っていた。先月（二〇二三年十一月）、私の店の真上に整体屋さんがオープンしたのだ。のぼりにはちっとも気づいていなかった。

誤解

商店街の事務の人に、私の店の真上は整体屋さんになるまえはなんだったのかたずねてみた。ずっと三線屋さんの倉庫だと思っていたのだけれど、違うような気がしてきた。

「洋品店の倉庫でした」

三線屋さんの倉庫だったのはだいぶ前だそうだ。私は上になにがあるかも知らないまま店をやっていたのか。

カメジロー

お客さんが、注文した本を取りにくる。瀬長亀次郎《せながかめじろう》に関する本。ふだんはエッセイばかり買うのに珍しいと思いながら会計すると、「私が大学生のときに沖縄が日本に復帰して、沖縄大学は無認可になったのよ」と話しはじめた。

那覇にあった沖縄大学はコザの国際大学と合併して沖縄国際大学になり、宜野湾に移った。でも私のように八重山から来たものは貧しいから、那覇から出られない。大学の卒業証書がもらえると思って無理に八重山を出てきたのに、困ってしまった。

沖縄大学の存続運動が始まると、なにもわからないまま友だちと一緒に立法院に行った。そうしたら機動隊が階段の上からどんどん押してきて、髪はぐちゃぐちゃになるし、新しいサンダルもだめになって、泣いていたの。そうしたら「どうしたの」って声をかけてくれた人がいて、それがカメジローだった。

「それからは追っかけになって、与儀公園とかあちこちに演説を聞きにいったよ」

子どもたちも、新聞にカメジローが載っていると「お母さんのお世話になった人だ」と言って、絶対に踏まなかったという。今日買った本は妹にあげるそう。

買い出し

年末。朝から人通りが多い。「先に車に花を置いてこよう」という声が聞こえた。「駐車場まで遠いけどがんばって」と励ます声も。狭くて入り組んだマチグヮーでは、買いものの段取りを考えるのもひと仕事だ。

大仏建立

『那覇の市場で古本屋』を買ったお客さんにサインをする。

「お名前もお書きしましょうか」

「あ、そうですね。リュウさんへ、でお願いします」

「リュウは、タツですか?」

「ええと、タツじゃなくて、立つ座るのタツです」

タツがふたつ出てきたので混乱し、起立のリツですね? と確かめようとしたら「大仏建立のリュウです」と言われて、さらに混乱した。大仏建立は、難しい。

よふけ

世冨慶のエイサーの本を探しているお客さん。ほかの地域のエイサーは戦後に広まったものだけれど、世冨慶のエイサーは戦前に瀬底島から来た人たちが伝えたと言われていて、その根拠が知りたいそう。

「人と話していて意見が分かれて、口論になったんだ」

口論か。どうにか資料を見つけてあげたい。

私語

定休日、琉球銀行松尾支店に行く。店の向かいにあった琉球銀行牧志市場出張所が閉店してから、銀行に行くのもひと仕事になった。

松尾支店の窓口には、牧志市場出張所で働いていた行員さんがいる。顔なじみではあっても私語をかわしたことはなかったのに、今日は初めて「宇田さん」と呼びかけられた。

「はい」

「二月がお誕生日なんですか」

還付金受取のため、免許証を提示していた。

「そうです」

もうすぐですね、と言われるのかと思ったら、

「私も同じ日です」

びっくりした。

これから

今日（二〇二四年三月二十九日）の夜、市場中央通り第1アーケード協議会の臨時総会が開かれる。議案は、アーケード建設工事の工期変更について。工期の変更、つまり延長はこれで三度めだ。

六年以上もアーケードの再整備に取り組んできて、なにを見てもアーケードを思いだすようになってしまい、「またアーケードの話?」とまわりの人たちをゲンナリさせている。私だって、そろそろこの話は終わりにしたい。雨にも風にも負けず、頭上にアーケードがあるのをあたりまえだと思って過ごしたい。

それでもやっぱりアーケードの話をしたくなるのは、再整備に関わって初めて気づいたことがたくさんあるからだ。今年の夏、今度こそアーケードが完成したら、またあらためて書いてみたい（まだまだ話すつもり）。

Ⅳに、近くにきれいなトイレはあるかとお客さんに聞かれて、浮島通りのセブンイレブンを案内した話が出てくる。もともとは個人的な日誌に書いていたものだ。本に収録するために読みかえして、なぜセブンイレブンを？　と不思議に思った。公設市場じゃなくて？　すぐそこにファミリーマートもあるのに？

答えはすぐに出た。そのとき公設市場は建替工事をしていて、店の向かいのファミリーマートはまだ開店していなかったからだ。工事中は水上店舗二階のトイレを案内していたけれど、「きれいなトイレ」とわざわざ言われたので、水上店舗の古いトイレではなくセブンイレブンを案内したのだろう。

謎解きをしながら、記録するってこういうことなのかと自分で感心した。変わりゆく環境のなかでどうふるまったか、その瞬間の動きをつかまえる。こう動いたということは、まわりはこんな風景だったのだとわかる。公設市場は工事中で、のちにファミリーマートになる建物は閉ざされていて、新型コロナウイルスのために観光客は少なく、静かだった。たった一年半前なのに、そんな時期があったのをすっかり忘れていた。

どのトイレを案内するかなんて、まったくどうでもいいような問いだけれど、店を開けながら考えるのはこんなことばかりだ。この本の値段を百円にするか、二百円にするか。どこにお弁当を買いにいこうか。閉店時間になったけれど、あとすこし開けていようか。ひとつずつまじめに検討しているのかといえばそうではなく、なんとなく雰囲気で決めているだけ。その積み重ねで店を続けてきた。さらに積み重ねていくうちに、隣にあった洋服屋の与那覇さんに言われたように「いまから五十年」続けられたりするのだろうか。

変わっていくのは那覇の市場だけではない。私にとって身近な沖縄の本屋に目を向けても、会社の方針や店主の事情によって閉店したり、店長が替わったり、立ち退きになって移転したり、棚の配置を変えたり、あるいは営業時間を変更したりして、どの店もなにかしら変化している。特に最近は、長年親しまれてきた本屋の閉店の知らせが続いている。

いっぽうで、ここ二、三年で新しい本屋がぞくぞくと開店した。那覇・曙の「ライフセンタービブロス堂」、浜比嘉島の「本と商い ある日、」、北谷の「ブックパーラー砂辺書架」、沖縄市の「波止場書房」、大宜味村の「山ブックス」、ネット販売の「Second hand-Shop 金ちゃん」など。場所も店主の来歴もみんな独特で、いままでにない本屋の姿を見せてくれる。本屋はこの先も変わりながら続いていくだろうと思えて、心強い。

『那覇の市場で古本屋』から十一年たち、会えなくなった人や離れてしまった人もいるなかで、前と同じ人たちと本をつくることができた。表紙の写真をたのしく撮ってくれた垂見健吾さん、すてきなデザインで励ましてくれたアイデアにんべんさん、いつもいろいろな仕事をお願いしているぎすじみちさん、公私にわたって頼りにしているボーダーインクのみなさん、そして店の帳場であれこれ話をしながら本を編集してくれた新城和博さん、ありがとうございました。

二〇二四年三月
市場中央通り、第一牧志公設市場の向かいにて

宇田智子

初出について

収録に際して加筆修正・改題しました

Ⅰ、Ⅱ、Ⅲ

『小説すばる』連載「小さな本屋の本棚から」（2016年1月号～2021年12月号）65回分から30回分

『フリースタイル』コラム欄「the talk of the town」45号（2020年8月）～57号(2023年9月)。「おうち」「隣の人は前の人」「佐良浜の椅子」「日傘が守るもの」「時間の遠近」「消えたパラソル」「究極の郷土出版」「席替え」「耳栓」「やさしい屋根」「三年九か月三日」「つくりつけの木の台」

『ビッグコミックオリジナル』コラム欄「オリジナリズム」から「バスと台風」2018年8月20日号、「棚やタンス」2019年8月5日号、「シャッター通り」2020年12月5日号、「町の記憶」2021年10月5日号、「待たせてほしい」2022年3月5日号

書き下ろし「おかえりなさい、公設市場」

Ⅳ　すべて書き下ろし

宇田智子（うだ・ともこ）

1980年神奈川県生まれ。2002年にジュンク堂書店に入社し、池袋本店で人文書を担当する。2009年、那覇店開店に伴い異動。2011年7月に退職し、同年11月11日、那覇市第一牧志公設市場の向かいに「市場の古本屋ウララ」を開店する。2014年、第7回「（池田晶子記念）わたくし、つまりNobody賞」を受賞。著書に『那覇の市場で古本屋』『市場のことば、本の声』『増補　本屋になりたい』。

すこし広くなった
「那覇の市場で古本屋」それから

二〇二四年五月二六日
初版第一刷発行

著者　宇田　智子
発行者　池宮　紀子
発行所　㈲ボーダーインク
沖縄県那覇市与儀226－3
https://borderink.com
tel 098-835-2777
fax 098-835-2840
印刷所　㈱東洋企画印刷
定価はカバーに表示しています。

ISBN978-4-89982-465-7　C0095